中小ビジネスを伸ばす
デジタル－５つの活かし方

はじめに

　本書は、中小ビジネスが「デジタル」という便利な道具を、経営にフル活用するための方法・視点をまとめた本です。

　"DX（デジタル・トランスフォーメーション）元年"と言われる 2021 年ですが、多くの中小ビジネスが、
　「なぜ今、デジタルなのか。」
　「デジタルにどう向き合えばいいのか。」
　「デジタルは経営にどう役立つのか。」
　そんな疑問、迷い、焦り、不安を抱えているのではないでしょうか。

　次から次へと登場するデジタル技術を解説するする書籍は数多く目に入るようになりました。しかし、どんな道具なのかという情報だけでは十分ではありません。
　加えて必要なのは、どの道具をどのように経営に活かせばいいのか。経営からみたデジタル技術の活かし方です。

　本書では、世の中にあるデジタルを総合し、今あるデジタル技術をどう活かせば経営の力とできるのかを整理したフレームワーク「デジタル－５つの活かし方」をご紹介します。
　このフレームワークは、中小ビジネスがこれまで実践してきた 100 以上の IT 活用の実例に基づいています。
　経営者はどういうデジタルを選択したのか。なぜそのタイミングでそれを選んだのか。デジタルでどんな課題を解決しようとしたのか。そういった「現実の経営者の選択」「現実の教科書」を徹底分析し、帰納的

にリアルケースからエッセンスを抽出してわかりやすく体系化しました。

　本書を手に取っていただきたいのは、中小企業、小規模事業者、個人事業主、農林漁業者、福祉事業者、教育団体、NPO法人など、ヒト・モノ・カネという経営資源が比較的少ない組織で事業活動を行うすべての事業者です（本書では「中小ビジネス」と呼びます）。

　また、それら中小ビジネスの成長を支援する、金融機関や商工団体、行政の産業支援組織の方々。ITコーディネータや中小企業診断士、税理士、社会保険労務士といったコンサルタントの方々。また、中小ビジネス向けのITツールを提供するすべてのIT事業者の方々にもご一読いただき、共感いただけるところがあればとても嬉しいことです。

　これから本格化するデジタル化の時代に、地域経済、地域の暮らし、地域の人々の幸せの土台と言える中小ビジネスが、デジタルという便利なツールを、それぞれの事業の状況にあわせて、必要なところに上手に活かし、顧客・従業員・取引先・地域と共に、さらに発展していただけるよう、本書が少しでもお役に立てれば幸いです。

2021年6月吉日

堀　　明人

飯村 和浩

坂本 ゆみか

倉田 一範

目次

第1章　目の前にあるデジタル　・・・・・・・・・　9

（1）もうここにある、デジタル社会　・・・・・・・・10

（2）デジタルの4つの進化　・・・・・・・・・・・14

（3）これまでのデジタルと目の前にあるデジタル　・・21

（4）広がった中小ビジネス向けIT製品・サービス　・・25

第2章　答えは中小ビジネスの現場にあった　・・・・・35

（1）中小ビジネスのDXに立ちはだかる壁　・・・・・36

（2）情報格差を打破する指針の必要性　・・・・・・・42

（3）現場に学び、抽出したフレームワーク　・・・・・47

第3章　デジタル－5つの活かし方　・・・・・・・・53

1．自社の魅力を伝達する　・・・・・・・・・・・57

（1）デジタルで魅力を伝える　・・・・・・・・・62

　A．魅力を伝える手段を整える　・・・・・・・・66

　B．魅力を伝える素材をつくる　・・・・・・・・75

　C．魅力そのものを磨く　・・・・・・・・・・80

　D．社外に耳を傾ける　・・・・・・・・・・・84

（2）手を入れ続ける　・・・・・・・・・・・・・87

2．社外との関係を拡げ、深める　・・・・・・・・・89

（1）お客様や取引先と、より深い関係を構築する　・・94

　A．お客様に「便利」を提供する　・・・・・・・・98

　B．自社とパートナーの競争力を一体的に伸ばす　・・・103

　　Ｃ．リスクに備える　・・・・・・・・・・・・・106

　　Ｄ．変化していくデジタル社会に適合し続けていく　・・111

　（２）むしろアナログ力がものを言う　・・・・・・・・114

３．情報で事業の回転数を高める　・・・・・・・・・117

（１）仕事の一回転を速く、少ない人数で、高品質に　・・122

　　Ａ．省力化と自動化による管理水準のレベルアップ　・・126

　　Ｂ．データを仕事に活かせる環境の整備　・・・・・・131

　　Ｃ．データから読み取った結果を事業に活かす　・・・135

　　Ｄ．アンテナを張り、地道にヒントを集める　・・・・138

　（２）満点を目指す必要なし　・・・・・・・・・・・142

４．情報の使い勝手を良くする　・・・・・・・・・143

（１）現場で情報を使いやすくする　・・・・・・・・148

　　Ａ．現場が必要とするタイミングでアクセス　・・・・151

　　Ｂ．データは一元管理し、使い勝手を向上させる　・・155

　　Ｃ．データの呼称や粒度をそろえる　・・・・・・・159

　　Ｄ．資産としてのデータを守っていく　・・・・・・163

　（２）ツールに上手く合わせる　・・・・・・・・・167

５．情報で現場を滑らかにする　・・・・・・・・169

（１）現場を滑らかにする　・・・・・・・・・・・174

　　Ａ．ベストプラクティスで現場をガイドする　・・・178

　　Ｂ．仕事道具としての情報通信環境を整備する　・・・181

　　Ｃ．振り返りを習慣化する　・・・・・・・・・・185

　　Ｄ．共働の考え方を浸透させる　・・・・・・・・188

　（２）小さなことに取り組む姿勢　・・・・・・・・192

第4章　デジタル経営をはじめよう　・・・・・・・・・195
（1）5つの視点でデジタルを考える　・・・・・・・・196
（2）デジタル化は不可逆、ならば　・・・・・・・・・203

ご案内
　デジトレ診断 − デジタル活用度のセルフチェックに　・・206

あとがき　・・・・・・・・・・・・・・・・・・・208

著者略歴　・・・・・・・・・・・・・・・・・・・210

第１章　目の前にあるデジタル

（1）もうここにある、デジタル社会

　世界中を巻き込んだコロナ禍は常識や習慣、ルール、行動様式や価値観の再確認を人々に迫りました。

　大企業では在宅勤務が急速に進み、Web カメラやヘッドセットなどの在宅ワークグッズが飛ぶように売れる一方で、都市部の人出が減り来客を見込めなくなった飲食店は、オンラインで注文を受けて宅配するチャレンジを余儀なくされ、披露の場を奪われたパフォーマーはネットを通じて新しいつながりをゼロから育て始めました。

　医療関係者やインフラ産業、スーパーや宅配などの生活基盤産業に勤めている方々は、限られた人数で目の前に積みあがる職務に対峙し続けました。一人でパソコンに向かうデスクワークよりも現場仕事が多い企業は、業務の性質上在宅勤務はできず、Before コロナと基本的には変わらぬ働き方を続ける中、取引先への往来禁止、いつもとは違う通勤風景、近所の飲食店が閉店してしまう様を見て、これまでとは明らかに違う社会の変化を感じ取ったことでしょう。

　ある日突然、目の前に、今までとは違う日本、今までとは違う働き方、今までとは違うライフスタイルが出現しました。

　不自由さや閉塞感の一方で、「新しい生活様式」という前向きな言葉でそれに順応していくことが日本人なら当たり前と往時の集団主義を思い起こさせる雰囲気の中、人々に大きな戸惑いと不安が広がりました。

　そんな濃い霧の中で、ひとつだけ淡い光を放っていたのが「デジタル」でした。

　これまで出前をしていなかった飲食店やファストフード店でも、スマホから注文すると自宅に届けてくれたり、テイクアウトをスマホで注文して指定の時間に行けば並ばず受け取りができたり、現金を持たずとも、スマホのタッチやコードの提示で買い物ができるようになりました。

　旅行に行けない期間は、ネットから申し込んで届いた地元の食品を味わいながら、ネット配信によるバーチャルツアーで「オンライン観光」を楽しむことができるようになりました。

　人手不足が深刻な建設業や農業では、「i-Construction」や「スマート農業」を旗印に、今まではコンピュータを投入しにくかった屋外の現場にどんどんデジタル技術を適用しようと、現場から行政までが精力的に取り組み始めています。

　「商品ごとの売れ行き管理をしたいけど POS レジは高い」。かつてはそう嘆いていた小規模店舗がタブレットを使った POS レジを導入し、時間ごとの売上管理や売れ筋商品の把握を当たり前のように行っています。来店客がタブレット端末のメニューから自ら注文することで、聞き間違いを防ぎ、少ない人手で現場を回している飲食店もあります。

　訪問介護の現場では、スマホから訪問先の情報を確認し、サービスが終わったらスマホで即報告。手書きの記録用紙を保管する多数のダンボール箱が不要になりました。

　運輸業では、トラックの位置や走行状況把握に加え、そろそろドライバーに休憩が必要なことを教えてくれる車載器まで登場しています。

　往来を制限される中、直接顔をあわせることの大切さや、現場でなければ体験できないことの有難みを再認識しつつも、オンラインで商談が進められたり、授業を受けることができたり、飲み会ができたり、必要な買い物は自宅でできたりと、部分的にでもデジタルに順応し、活用していく社会を体感し、「ああ、デジタルってそれなりにできるもんだ」

と多くの人が感じました。

　そう、デジタルはすでに目の前にあったんですね。

＜目の前にあるなら使えばいい＞

　ブロードバンドは社会に張り巡らされているし、モバイルも何不自由なく使えている。オンライン会議のクラウドサービスもネットで申し込めばすぐに使える状態だった。そういえば、日常的にいろんなアプリを使っているんだっけ。

　気に留めていなかっただけで、実は社会の隅々までデジタルは浸透し、それぞれがデジタルをそれなりに使っている現実がそこにありました。

　もちろん課題も山ほどあり、オンラインで手続きできると言っても操作画面が難しすぎて途中で入力を断念させるようなUI（ユーザーインタフェース）に辟易することもあるし、一切デジタル化されていない手続きもまだまだ山ほどあって愕然としたり。

　それでも世の中にデジタルは広がっている。

　「ん？　なんだ、目の前にあるじゃないか。だったらもっとうまくデジタルを使えばいい」

　デジタル・トランスフォーメーション（DX）と大げさに言わなくとも、「目の前にあるデジタル」を使えばいい。上手く使いこなせばもっと人生は幸せなものになる。多くの人がそういう可能性に触れたのではないでしょうか。

（2）デジタルの４つの進化

　「目の前にあるデジタル」がいつ私たちの前に現れ、どのように進化してきたか、技術的な背景を簡単におさらいしておきます。

　そもそもデジタルは「0」か「1」のビット（符号）で表現される世界です。数字や文字だけでなく、画像や映像、音までもが「0」と「1」を並べることで表現されます。

　電圧や磁極を使ってシンプルにオンとオフを判別しやすいことからコンピュータの計算に「0」と「1」の二進法が採用されたそうで、今日私たちが使うほぼすべてのコンピュータは「0」と「1」の組み合わせで計算したり、伝送したり、加工したりできるようになっています。

　1995年に出版された名著「being digital（邦題：ビーイング・デジタル − ビットの時代）ニコラス・ネグロポンテ（著）」では、CD や新聞というアトム（物質）にパッケージングされていた情報（ビット）が、ビットのままブロードバンド（インターネット）を通して伝達されるデジタルの世界を描きました。

　時代は進み、描かれた通りビットの世界でアトムの売買が行われる電子商取引は当たり前のものとなりましたし、ビットの世界だけで成立するソーシャルメディアという新世界も登場しました。

　今後は、アトムの世界とビットの世界のさらなる融合が予見されていて、アトムの世界をビットが補完する役割から、ビットの世界から新しいアトムが創出されるような役割の変化も間近なところにあるようです。

　時代とともに進化してきたデジタルは、まだまだこの先も、「AI（人工知能）」、「VR（仮想現実）」、「AR（拡張現実）」、「MR（複合

現実）」「SR（代替現実）」・・と、まだまだ進化していくのでしょう。
映画「マトリックス」のような世界が本当にやってくるのかもしれません
んし、全く別の未来が待ちうけているのかもしれませんね。

　このデジタルの進化を構成するのは以下に挙げる 4 つの技術分野です。

① コンピュータの飛躍的高性能化
　もともとコンピュータは、ミサイルの弾道計算を行うために開発され
ました。米インテルの創業者の一人でもあるゴードン・ムーアの論文で
有名な「ムーアの法則（Moore's law）」にあるように、18 か月ごとに
性能が倍になり続けたことで処理能力が飛躍的に向上し、銀行の ATM や
証券取引、気象予報、エネルギー、化学、企業の事務処理などの民生分
野に広く利用が拡大しています。
　2020 年現在のスーパーコンピュータの性能 1 位は理化学研究所と富
士通が共同開発した「富岳」で、毎秒約 44 京回の計算能力は、世界最初
のコンピュータと言われる「ENIAC」の毎秒 5,000 回と比べるとその進
化の凄まじさがわかります。

　私たちが日頃使っているインターネットもこの性能向上の恩恵を受け
ていて、米 Amazon や米 Google は、世界の主要な場所に保有する巨大
なデータセンターに世界最先端のコンピューティング技術を投入して全
世界にサービスを提供しています。
　インターネット上のサーバを通じて各種サービスを提供する「クラウ
ド」といわれる技術はその一つです。高性能な最新のサーバテクノロジ
ーやネットワーク技術、エネルギー効率の高いデータセンターなど最新
のコンピューティングリソースを世界中のユーザーが「割り勘」で利用
できています。クラウド会計などの会社で使うソフトウェアや、SNS

（Social Networking Service）などスマホで便利に使っているそのアプリも、クラウドコンピューティング技術で実現されています。

　コンピュータの着実な高性能化が巡りめぐって私たちのデジタル環境の底上げに役立っているのです。

② 通信のブロードバンド化

　ネグロポンテの時代から社会のデジタル化に大きく貢献するとされていたブロードバンド。光回線や携帯電話に代表されるようにここ 30 年ほどで日本の通信インフラも大きく進化し、充実しました。

　日本では 1985 年に電気通信事業が民間開放され、それまで NTT と KDD の独占だった市場が開放されたことで業界が活性化しました。価格の低廉化が進みさまざまなサービスが誕生することになりました。フリーダイヤルやプリペイド、クレジット通話などの音声通話に付随したサービス、ADSL や ISDN、ISP（インターネットサービスプロバイダー）などのデータ通信サービス、そして、モバイル通信サービスと、技術の進化にあわせて日進月歩で新しい通信サービスが提供されてきました。

　オフィスや家庭、最近では公共の施設や宿泊施設にもブロードバントと Wi-Fi 環境が整い、モバイル通信の速度もアナログ携帯電話（1G）の 9.6kbps から LTE（4G）の 100Mbps 超へと大幅に高速化し、ついには

５Ｇもスタートしました。動画配信サイト「YouTube」を見る、SNSを利用する、メールを送る、インターネットで情報収集する、ネット通販を利用するなどの日常利用では、ほぼストレスなく利用できるようになりました。（朝夕や昼など利用者が集中する時間帯は遅くなることもありますが・・。）

　水道のように蛇口をひねればいつでも水が出てくるのと同じレベルで無意識に使える通信インフラが整っていることは、デジタル化に取り組む上でとても有難いことです。

③ 情報端末の高性能化と価格低下

　パーソナルコンピュータ（パソコン、PC）、スマートフォン（スマホ）、タブレット端末など、デジタル化された情報を人々が扱うための入出力装置もとても充実しています。

　おなじみのパソコンも、外見はさほど代り映えしていませんが、着実に進化しています。最新モデルともなればその軽さは驚くほど。ディスプレイは大きく高精細化し、処理能力は年々向上しているし、保存できるデータ量も倍々で増えている。

　記録される画像や映像データが年々高画質化しファイルサイズが大き

くなっているので、それにあわせて処理能力を向上させています。見た目は同じでも、パソコンを入れ替えただけで作業性能がグンと上がったりするわけです。

　そしてここ 10 年ほどのデジタル化において最も重要な役割を果たしてきたのが「iPhone」と「iPad」に代表されるスマートデバイスです。

　デスクの上（デスクトップ）か膝の上（ラップトップ）か、いずれにしても座って扱う前提だった情報端末を立ったまま使えるようにした。まさに革命です。

　現場業務にとってのインパクトは格別で、キッチンで、工場で、農場で、建設現場で情報端末が利用できるようになりました。また、銀行のATM や駅の券売機でも見られるタッチ操作を採用したことで、デジタル化の一つの障壁だったキーボードを不要とし、さまざまなスタッフが働く現場に優しい端末となっています。

　このスマートデバイスの登場は、カメラやセンサ、メモリー、バッテリーなど、大量に調達される数々の高性能部品の価格低下をもたらしています。その結果、ドローン、ウェアラブル端末、IoT センサといった手軽で便利な新たなスマートデバイスを生んでいます。

④　毎日使うアプリケーションソフトの充実

　このような、「クラウド」「モバイル」「スマートデバイス」の技術進化は、人々が使うアプリケーションソフト（特定分野・用途に沿って作られたソフトウェア）にも波及していきました。これが私たちが実感する最も大きな変化かもしれません。

　何と言っても「クラウド」という新しい提供の仕方が生まれたことです。

　かつては、高価なサーバを購入し、サーバやパソコンにアプリケーションソフトをインストールして利用していましたが、それが不要になりました。アプリケーションソフトは高性能で安全性も高いクラウドから全世界へ提供されるようになり、インターネットにつながる環境であればオフィスからでも現場からでも、パソコンからでもスマートデバイスからでもどこからでも利用できるのです。

　これはアプリケーション提供者にも、事業展開を大きく変容させることを迫りました。

　これまでは「パッケージ（アトム）」の形で流通させる必要があったため、会計や給与、販売、セキュリティといった汎用的なアプリケーションではないと採算確保が難しく、特定の業種業態に特化したニッチなアプリケーションは、ビジネスになりにくい環境にありました。

　それがクラウドにより地理的制約を超えて製品を届けることができるようになりました。

　操作性や情報項目、細かな機能など、業種業態のニーズを掴んで現場の課題解決に直結する価値を提供しているこれらのアプリケーションは、評判が評判を呼んでユーザーと長く強い関係を構築することが可能となったのです。

これにより、個性の強い中小ビジネスの現場にもフィットしやすい、痒い所に手が届くアプリケーションが提供されやすい環境になり、利用者に恩恵をもたらしました。

　ここ20年〜30年にわたる4つの技術進化のミックスによって、デジタルの「コモディティ（日用品）化」が進みました。AIに代表されるまとまった投資が必要な最先端の技術開発も進んでいますが、今、私たちの目の前には、手の届くところに使いやすいデジタルが存在しています。
　「目の前にあるデジタル」はさまざまな最先端技術の進化の恩恵を受け、より使いやすく、便利に、リーズナブルに、素早く、私たちの商売、挑戦、働き方を支えてくれます。

コンピューターの飛躍的高性能化
クラウドによる"ワリカン"利用

通信のブロードバンド化
光ファイバー、インターネット、モバイル

情報端末の高性能化と価格低下
PC、スマホ、タブレット、ドローン等々

毎日使うアプリ・ソフトの充実
強力なモバイルデバイスと
それを活かしたサービスの充実

**コモディティ化し
中小ビジネスでも
利用しやすくなった**

消費者　取引先　従業員

**場所や時間の制約を超えた
働き方・共働が可能に**

（3）これまでのデジタルと目の前にあるデジタル

　「これまでのデジタル」は、少しお金がかかるし、敷居が高いものでした。

　筆者が 1991 年に新卒入社して配属されたのは情報システム部で、会社が使う業務システムを IT ベンダーに発注する仕事をしていました。当時はシステム更新のたびにとても個人では払えない額の取引が行われていました。コンピュータも通信環境も情報端末もアプリケーションも一つひとつ大きなお金が必要で、本当に細かいところまで目を配った丁寧で完成度の高い仕事が常に求められていました。

　歴史を踏まえれば、デジタルとか IT 投資には大きなお金がつきものという印象は簡単にはぬぐえません。「うちは中小だから関係ない」と視野に入りにくいのも無理はありません。

　しかし、ぜひ"DX 元年"とも言われるこのタイミングで周囲を見渡していただきたいのです。

　4 つの技術進化によってデジタルはコモディティ化が進みました。かつては資金力のある企業や官公庁しか取り組めませんでしたが、多様な会社・事業者がデジタルを活かせる時代に変わりました。

　現場に入り込んでデジタル活用できるスマートデバイスのインパクトはとくに大きく、中小ビジネスの現場の課題解決に直結するアプリケーションも手軽に選べます。

　いまこそ、先入観を捨てて、「ずいぶん変わったんだ」「なんだ、デジタルはもう手の届くところにある」と認識をアップデートするチャンスです。

　目の前にあるデジタルが、使いやすく手の届くものである理由を、3 つ

の観点から説明しましょう。

① 必要なスキルが大きく変化
　「これまでのデジタル」では、会社にデジタルを導入するとなれば、サーバを選択・設計するスキル、通信技術を選択・設計するスキル、情報端末を選択・設計するスキル、アプリケーションソフトを選択・設計するスキルが求められました。
　ほとんどのデジタルがゼロから構築するものですので、とりわけ「設計」のスキルが重要となります。
　一つひとつの技術要素について、詳細の条件を細かく IT ベンダーと膝詰めで定義していく設計作業が求められ、それに対応できるスキルを手に入れることが情報システム部員に求められました。「作りこむスキル」です。
　中小ビジネスでそういったスキルを持つ人材を育てることは難しいし、育てる環境もつくりにくかった。外部人材を雇用するにも相応の条件を提示できないのが現実でした。経営者の方が「他の方法で課題を解決しよう」と思うのもやむを得ない状況だったと言えます。
　「目の前にあるデジタル」では、発注者側に求められるスキルが大きく変容し、かつて重要だった設計についてはほとんど意識しなくて済むようになりました。
　代わりに必要になったのは「使いこなすスキル」。
　技術的な知識よりも、世に出ている製品サービスを知り、どの機能が自社に役立つかを評価し、業務の中でどう活用するかを考案し、実践する。
　そのように、現場の実状をよく知る人材がむしろ活躍できるのが目の前にあるデジタルです。

② 活用の場所が大きく変化

　「これまでのデジタル」は、オフィスで使うものと決まっていました。デスクに座って、パソコンを立ち上げて、マウスを操作して、デスクの結構な面積を占拠するキーボードを使ってデータを入力する。現場で動きながら仕事を進めることの多い中小ビジネスでは、使いたくても使えない状態が長く続いたわけです。

　この前提がガラッと崩れました。

　スマートフォンやタブレット端末が登場し、現場でさまざまな情報を使える時代がやってきた。客先でも移動中でも。場所という制約はなくなったも同然です。マウスやキーボードを使わず指のタッチ操作だけで使いこなせることも大きい。

③ デジタルを使い始める順番が変化

　「これまでのデジタル」では、コンピュータと言えば、大企業で使い始めるのが当たり前でした。

　大企業だけが導入できる高価なコンピュータが少しずつ安価になっていき、いわば「型落ち」となった技術が廉価版モデルに搭載されて数多くの中堅中小企業や個人に普及していく。大企業で導入された技術が日用品化していく流れだったわけですが、この流れが180度逆になりました。パラダイムシフトが起こったのです。

　新しいデジタルは、若者が真っ先に利用し始めます。

　SNSやフリマアプリのようなものだけでなく、シェアビジネスのようなライフスタイルを変える新しいサービスも、AIを活用した最先端技術に裏打ちされた使いやすいテクノロジーも、さまざまなツールがスマホを通じて提供され、デジタルネイティブが利用し始めます。

　日用品として登場したツールをまず個人が使い始める。それに続いて、その評判を聞いて会社の仕事でも活用されるようになる。順番が逆転し

ました。

　デジタルのコモディティ化による価格の低下、さらに、「スキル」「場所」「順序」の変化によって、活用のしやすさが飛躍的に向上したのです。
　これが「目の前にあるデジタル」です。

	これまでの デジタル	目の前にある デジタル
必要なスキル	作りこむ スキル	使いこなす スキル
活用する場所	オフィスの デスク上	現場や客先 移動先
使い始める順番	大企業から	個人から （若者から）

（４）広がった中小ビジネス向けＩＴ製品・サービス

　ここで、中小ビジネスの業務をサポートする IT 製品やサービスが、どのように進化し、目の前に広がってきたのか、振り返ってみましょう。

① オフコンが登場

　中小ビジネスでの IT 活用は、1970 年代後半からのオフコン、1980 年代後半からの複合機からスタートし、次第に会計や販売などの業務パッケージソフトが導入され、1990 年代後半には Windows95 の登場に伴ってパーソナルコンピュータの導入へと進みます。

　実は、この時代に導入されたシステムを今もまだ現役で使い続けている中小ビジネスも多いようで、そろそろ新しいシステムに移行したいという相談を受けることが度々あります。

　すでに 20 年から 30 年ほど利用していて、サーバの入れ替えを続けたり、部分的に更新したりして使い続けていますが、なかには保守契約が打ち切られてしまうこともあるようです。会社の寿命は 30 年と言われますが、システムも同様に 30 年ほどが限界なのかもしれません。

② 業務をサポートするソフトウェア

　2000 年代になると、会計や販売管理のような基幹系と呼ばれるシステムに蓄積されたデータを、分析したり社内で情報共有したりするための情報系と言われるシステムが利用され始めます。グループウェアと呼ばれるソフトウェアもこの一つです。

　伝票を作成したり請求書を発行したり、入出庫を記録したりと

中小ビジネスの業務をサポートするIT製品やサービスの広がり

~1980　~1990　~2000　~2010　~2020

電卓、複写機、ファクシミリ

ワープロ、オフコン

業務パッケージソフト

'79 SMILE

PC・Windows・オフィスソフト

会計管理

'87 弥生会計

販売管理

'93 弥生販売

生産管理

'94 TECHS

給与計算

'95 弥生給与

グループウェア

'97 サイボウズOffice

CAD

携帯電話

スマホ・タブレット

インターネット・イーコマース

'97 楽天

クラウド

'05 YouTube

エビレンジ '10

クラウド業務パッケージ

SNS・チャット

'11 LINE/Facebook

RPA/AI/IoT

'14 WinActor

代表的なIT製品・サービスの提供開始時期を元に、
各種ITサービスを中小企業でも利用し始めた時期
を推定して図示

26

いう業務の正確性と効率性を高めるために利用されてきたソフトウェアが、そのデータを分析して営業戦略に役立てたり、業務に派生する資料やスケジュールを共有するといった用途に拡大していったのです。

　背景にはやはりパーソナルコンピュータの存在があるのでしょう。情報がパソコン上で分散管理されるようになれば、それらを共有するニーズが自然と発生してくるわけですね。

③　SaaS・クラウドの登場

　インターネットの時代に入ると、SaaS（Software as a Service、現在のクラウドとほぼ同義）と呼ばれるソフトウェアサービスが登場しました。紙のパッケージ（アトム）でこれまで配られていたソフトウェアがビットのままで利用され始めたのです。

　パソコン、情報系システム、SaaS の登場などにより、ソフトウェアの導入価格が少しずつ低下していったため、部分的にでも、中小ビジネスで IT 活用しやすい環境が急速に整い始めました。中には、始まったばかりの電子商取引で商売を大きく伸ばす先進企業も登場しました。

④　スマートフォン・タブレットの普及

　そして、2007 年以降のスマートフォン・タブレット端末の登場です。

　安価で使いやすく、コミュニケーション性に優れたこの端末は、現場仕事の多い中小ビジネスにどんどんと浸透していきました。

　現場で写真を撮影して業務報告として送信したり、タブレット端末とバーコードリーダーを組み合わせて正確な入出庫を記録したり、SNS でお客様とのコミュニケーションを高めたりと、ソフトウェアも利用シーンも百花繚乱な「目の前にあるデジタル」が広がりました。そして最近では、RPA（Robotic Process Automation）のような自動処理をしてくれる製品や、IoT（Internet of Things）といった、モノとソフトが融合し

た分野の製品も登場しています。

　このように IT 製品やサービスが広がってきた結果、いまやほとんどの業務で IT 活用、デジタル化を行えるようになりました。会計や販売管理、顧客管理だけではありません、人材育成から工程管理、品質管理などの業務もデジタル化が可能です。それも、すでに述べたように、業種業態に特化したニッチなものが多く出てくるようになっています。

　かつては私たち IT コンサルタントからこんな製品がありますよとご紹介することが多かったのですが、今は、クライアントが見つけた製品に対してセカンドオピニオンを求められる立場になることが増えました。どの業務をデジタル化するかを中小ビジネス自ら探し、選択できるようになったのです。

　事業の成長のために必要な道具を自分で選べる。

　これが「目の前にあるデジタル」です。

＜業務におけるデジタルの活用＞

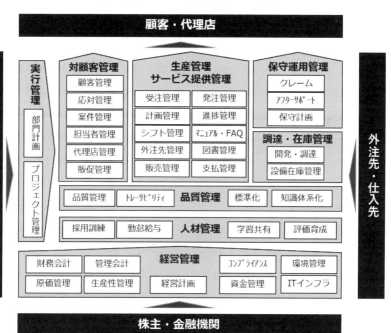

事業活動における業務の一覧

対顧客管理

顧客管理	連絡先や担当者などの顧客情報を社内で一元的に管理できる。
応対管理	お客様からの電話やメールでのお問い合わせとその応対を一元的に管理できる。

案件管理	訪問から提案、見積り提出、契約までの営業状況を管理できる。
担当者管理	営業担当者別の営業実績や訪問履歴、経費や資料などを管理できる。
代理店管理	販売代理店への情報提供や実績の収集、案件情報の共有などができる。
販促管理	Web 広告やテレマーケティングなどの販促施策の成果集計と分析ができる。

生産管理・サービス提供管理

受注管理	電話やネット、メールなどでの予約や注文を受け付けて管理できる。
発注管理	部品や原材料、資材などの業者への発注を管理できる。
計画管理	生産や営業のスケジュールを作成し、必要な資材の手配計画を管理できる。
進捗管理	工事や製造、対応の進捗状況を管理できる。
シフト管理	スタッフの勤務希望日を集めるなどしてシフトを作成して周知できる。
マニュアル・FAQ	業務マニュアルなどを動画や画像で簡単に作成できたり共有できる。
外注先管理	外注先ごとの実績の集計や外注先との資料や進捗状況の共有ができる。
図書管理	設計図などの図書をバージョン管理したり共有したりできる。

販売管理	見積りから受注、納品、請求書発行、入金確認まで一元管理できる。
支払管理	発注と連動して、納品、請求書受領、支払いまで一元管理できる。

保守運用管理

クレーム	お客様からの対応依頼やクレームへの対応状況を管理できる。
アフターサポート	アフターサポートの計画や実績、準備や事後フォローを一元管理できる。
保守計画	保守の計画、実績、仕様、部材の在庫などを一元管理できる。

調達・在庫管理

開発・調達	商品サービスの開発に必要な部品調達を一元管理できる。
設備在庫管理	保有している設備や在庫の数量管理ができる。

品質管理

品質管理	品質を自動計測したり検査結果を管理できる。
トレーサビリティ	原材料から製品、出荷先といった製品履歴を管理できる。
標準化	業務のバラツキをなくすための計測や標準仕様の管理ができる。

知識体系化	現場での工夫を記録したり、過去実績が参照できるなど、会社の知恵を集積できる。

人材管理

採用訓練	求人、面接、採用、研修といったプロセスを一元管理できる。
勤怠給与	勤怠実績の記録、給与計算、支給、有給休暇等を一元管理できる。
学習・共有	スタッフ間で情報を共有したり学びあったりコミュニケーションできる。
評価育成	社員一人ひとりのスキルや評価実績、キャリアプランを管理できる。

実行管理

部門計画	各部門ごとの予算や実績、進捗の管理ができる。
プロジェクト管理	プロジェクトの進捗やメンバー、タスクや課題の管理ができる。

経営管理

経営計画	会社全体の予算や実績、進捗の管理ができる。
財務会計	会計の原則に基づいた出納や資金の管理ができる。
管理会計	商品別などの任意の分類で経営数字を細分化して管理できる。

原価管理	製品別や部門別の原価を計算して管理できる。
生産性管理	製品別や部門別の生産性を計算して管理できる。
コンプライアンス	決裁権限や決裁実績を記録するなど会社の意思決定を可視化する。
資金管理	キャッシュフローを明らかにして資金繰りを管理できる。
環境管理	会社活動の環境に対する影響を記録して、環境会計として管理できる。
IT インフラ	パソコンやサーバ等の情報システムを台帳管理できる。

第2章 答えは中小ビジネスの現場にあった

（1） 中小ビジネスのＤＸに立ちはだかる壁

「デジタルを導入するために必要なスキル」「デジタルを活用する場所」「デジタルを使い始める順番」という３つの変化により、デジタル技術はこれまでと比べて中小ビジネスにとって格段に使いやすいものになりました。

しかし、まだまだ中小ビジネスではデジタル活用が進んでいない現実があります。

中小企業庁が発表している 2020 年版の中小企業白書では、「中小企業のソフトウェア投資は長期にわたって横ばいで推移しており、足元では大企業との差が広がりつつある。また、ソフトウェア投資比率について見ると、足元で大企業は上昇傾向で推移している一方、中小企業は低下から横ばい傾向で推移しており、その差が広がっている」とあります。数字で見ると、大企業のソフトウェア投資比率は 12.0%に対して、中小企業は 4.3%にとどまっています。

どうして利活用が進まないのでしょう？なにが障壁になっているのでしょうか。

＜大企業とは異質な中小ビジネスの IT 活用＞

大企業が取り組んできた IT 活用は、管理や統制を志向したものが中心でした。潤沢なリソースを動員して一気呵成に市場展開を図るゆえ、動き出したら簡単には止められませんから、綿密な計画と事前準備をしっかりと行うことが求められます。

　取扱量や関与する人数の大きさもあります。次から次へと大量に産出されるモノやデータを自動処理して管理する。全国各地で展開する事業を統制するために情報を集める。統制に問題が見つかればすぐに対処して全体のパフォーマンスを低下させないようにする。

　したがって組織全体をコントロールするために最適なデジタル環境をゼロから構築していくことになります。

　中小ビジネスはリソース量に制約がありますので、大企業と同じ戦い方をするのではなく、フットワークの良さを活かして機敏に動くことが重要です。

　大企業のような管理統制型のフルデジタル、フルオートメーションばかりを志向してしまうと、逆に生命線であるフットワークの良さを棄損しかねません。フルオートメーションは、大量生産するため操業度を最大限高める打ち手としては有効ですが、前例の通用しない変化の激しい時代にはより慎重な判断が求められます。

　スタッフ数の少ない中小ビジネスの現場では、デジタル的な手法ではなくても、直接話したり、上長から伝達したりすることでも管理や統制を行えます。一方で、監督官や指導役を大企業のように配置できるわけではないので、現場はどうしても一人一人の経験やスキル、個性に依存することになります。

　人事異動が少なく長時間労働もいとわなかったかつての環境では、個人に依存していても、時間をかけて経験値を高め、スキルを伸ばしながら現場を回すのは、その時点での現実的な選択でした。

　しかし、世の中から求められるサービス水準が少しずつ高まっていく中で、担当者による成果のバラツキやムリ・ムラ・ムダを減らして、現場の業務の品質を高めることをお客様や取引先から求められるようになっています。

中小ビジネスに求められている IT 活用は、個人の経験・スキルに依存しすぎていた現場を組織的にサポートし、引き続き現場の機動力を伸ばしながら、業務の品質も高めていくことです。

　業界における専門分野に特化しているからこそ独自性の度合いが高い業務プロセス。多様な業務を限られた人数で兼務しながら回す現場。地域や取引先との顔が見える関係や人的つながりを活かせる柔軟性。こうした中小ビジネスの特徴を活かしつつ、現場のパフォーマンスアップに役立つ IT ツールを、増えてきた選択肢の中から選び使いこなすことが重要となっています。

	これまでの デジタル	目の前にある デジタル
適した事業規模	大企業	中小ビジネス
デジタル活用の 目的・狙い	管理や統制	現場の機動力を さらに高める
デジタル活用の 手法	自社に最適な デジタル環境を ゼロから構築	現場の パフォーマンス アップに役立つ デジタル製品を 選ぶ

＜中小ビジネスの現場に役立つ情報が手に入りにくい＞

　現場にあった IT ツールを選択するためには情報が必要です。しかし、この情報が圧倒的に欠落しています。世に出ている情報はどうしても大企業に関する情報に偏ってしまっています。

　IT ツールを提供するメーカーは、やはり商売ですから、より大きなビジネスができる大企業向けの販売を優先します。必然的に、ホームページや営業資料では、大企業の事業成長に役立つ機能の説明だったり、大企業での導入事例の紹介がメインになります。

　そういうメーカーは売上も大きく、広告予算も比例して大きくなりますので、結果として私たちが広告メディアで目にするデジタル経営の情報は、大企業の事例が多くを占める状態となります。

　時々、大企業の市場での成長率が鈍化したシステムを、今度は中小ビジネス市場に横展開しようとする IT 企業も現れ、「中小企業にも○○」的な広告を目にしますが、必ずしもフィットするとは言えません。

　一方で、最初から中小ビジネスをメインターゲットにしている IT 企業もいます。

　現場に足を運んで得たノウハウをつぎ込んだ製品を提供し、現場での使いやすさをウリにしています。パンフレットを見ても、Web サイトを見ても、なんとなく現場の気持ちをくすぐるように表現できています。でも、広告予算が比較的小さいので、簡単にはその情報に出会えません。

　AI とか IoT とかの流行言葉になると、いくつもの雑誌や新聞、書籍で取り上げられるようになりますが、これまた大企業中心の「かっこいい」ものになりがちです。

　そのような中で、中小ビジネスのデジタル化の情報がかろうじて流れ

てくるのが、経済産業省や中小企業庁、農林水産省や国土交通省など各業界の所管官庁が発行する白書や報告書。商工会議所・商工会、都道府県や市町村の産業支援機関の調査レポート。特定の業界に特化した新聞や雑誌、などです。

　これらは、全国各地での取り組み事例や統計データが掲載され、広く中小ビジネスでのデジタル化のトレンドを掴める貴重な情報源として、私たちも頻繁にチェックしています。

　ただし、ここにも限界があります。すでに公になっている模範的取り組みが取り上げられることが多いので、既知の事実や少し古い情報だったりすることもしばしばあります。

　また、個性ある中小ビジネスのIT活用事例は、「業種やビジネス形態がうちとは違う」と受け手側も活かしにくかったりします。

　そうなってくると、経営者仲間から入ってくる生の情報が実は最も役に立ったり参考になったりしているのかもしれません。実体験の情報であれば、かなり細かいところまで具体的で参考になりますし、苦労話や気を付けるポイントなども教えてもらえます。ただこれも、会社の状況はそれぞれだし、狭い範囲の情報ですから限定的で断片的なものになりがちです。

　このように、中小ビジネスの現場に役立つようなデジタル化の情報はなかなか手に入りません。デジタル化を進めたくても参考にできる情報がない、という深刻な現実があります。

　過去に大企業勤めでデジタル活用の経験があった、ITが好きでデジタル製品についてよく知っていた、たまたま良い製品と出会った、そういったごく一部の人だけがデジタル経営への挑戦権を得ることができている。

40

　そういった経験や好運の出会いを手繰り寄せられなければ、情報をキャッチしにくく、「ITは難しい」「よくわからない」という状態のまま立ち止まるしかなくなってしまうのです。

　情報リテラシー、情報格差という言葉がありますが、中小ビジネスの経営ではこのデジタル経営に関する情報格差が、経営に大きく影響する待ったなしの状況と言えます。

- 大企業等での勤務経験があり
  日常的にデジタル活用をしていた
- 個人的にITやデジタルが得意
- 運よく良いITツール・製品と出会えた

　▶　ここを入口にデジタル経営へ進める

デジタル経営に関する情報格差

- 業務でデジタル活用をした経験が少ない
- ITやデジタルに関心はあるが得意ではない
- これまで出会ったITツール・製品にあまり
  良い印象がない

　▶　「ITは難しい」「よくわからない」
　　　という状態のまま前に進めない

（２）情報格差を打破する指針の必要性

　これからは業種や規模の大小問わず、もれなくすべての中小ビジネスが経営のデジタル化に真正面から向き合う時代。デジタル経営の巧拙はこれまで以上に業績に大きな影響を及ぼします。

　大切なのは自社に必要なデジタル化のポイントを素早く見極め、着手すること。前に進みながら自社にとっての最適解を見出していく以外に方法はありません。

　しかし、情報格差が壁を作っていました。

　経済産業省や中小企業庁、商工三団体や金融機関などの中小企業を支援する組織では、これまで何年ものあいだ、IT 活用の支援にさまざまなプログラムを投入し、情報格差の是正に取り組んできています。

　「ミラサポ」「IT 導入補助金」「ものづくり補助金」などが代表的ですし、「専門家派遣」という形で各地域の支援機関から私たち IT コンサルタントが派遣され、一社一社の IT 導入プロジェクトを支援しています。

　また、2020 年はコロナ禍で抑制気味でしたが、セミナーや研修会も全国津々浦々で開催され、あたらしいデジタル用語やトレンドの理解を深める啓発と情報交流の場づくりが行われています。

　支援側である私たちが言うのもおこがましいですが、こういった施策に一定の成果は出ている手ごたえは感じています。また、数多くの挑戦事例、成長事例を目の当たりにしていますし、セミナー参加者が持っている前提知識も年々厚くなっている感触も得ています。

　しかし、こういった手厚い支援がないと、中小ビジネスのデジタル化を進めることはできないのでしょうか。

＜前に進める方法がわかれば自ら動き出せる＞

　支援プログラムを利用するには諸手続きにどうしても時間がかかります。簡素化は進んでいますが、申請書や報告書などをそろえる手間もかかります。

　支援がはじまれば、個々の中小ビジネスの事情にあわせて丁寧に進んでいくのはよいが、どうにも時間がかかる。一週間おきに打合せをしていれば、あっという間に数か月か経過してしまうことも。中小ビジネスの勝負手はフットワークの良さなので、もっと自社のペースでテンポよく進めたいケースもあるでしょう。

　前述したように、中小ビジネスにおけるデジタル化は、ボトムアップであるべき現場改善の姿をイメージし、それに役立つデジタル製品を選択するアプローチです。

　どんなデジタル化をすべきかの答えは現場にあります。現場を知らない限り適切なデジタル製品を選ぶことはできません。どんなに優秀なITコンサルタントであっても、当事者よりも現場を知ることはできません。

　自社の現状を正しく理解している経営者・働き手自身が、自力で進めるのが、それだけ成果を早く得ることができる。前に進める方法さえわかれば、受け身ではなくて自ら動き出せるし、試行錯誤も素早く進めることができるわけです。

　もちろん、外部から知恵を得た方がよいことは、地元のITコンサルタントや支援機関にサポートしてもらえばいい。その判断も含めて自社で主体的な取組をしたいところです。相談に際しても、「これについて相談したい」とスコープがはっきりしていれば相談時間も短く効果的なも

のとなるはずです。

　充実した支援施策を活かすためにも、現場を知る経営者が、受け身ではなく主体的に行動できる環境を整えることが、デジタルを活かし経営効果を高めるポイントだと私たちは考えます。

＜求められる、
##　中小ビジネス向けのデジタル経営のフレームワーク＞

　2007 年にマイクロソフト社などの主要 IT 企業や関係各機関が推進した「全国 IT 実践キャラバン」。日本全国をマイクロソフト号が巡回し、中堅中小企業向けの IT 活用セミナーが盛んに行われました。エポックメイキングなこの活動を皮切りに、いよいよ中堅中小企業も本格的な IT 活用時代の到来ということで、以来、さまざまな IT 活用の取り組みが行われてきました。

　建設業界では業界をあげたデジタル化への取り組みが始まり、農業界ではロボットやセンサ、データの活用が官民連携して進められています。キャッシュレス推進施策により多くの飲食店・小売店のレジが POS 機能を持ったり、漁港から飲食店に希少な魚が直接流通したり、安価な IoT ツールが製造現場の生産性向上を実現したりと、これまで IT が浸透していなかった現場での IT 活用も進み始めています。

　小規模企業から農業者まで、全国各地で数多くの企業・組織が IT 活用に挑戦し、さまざまなメディアがその挑戦事例を取材し、発信しています。私たち IT コンサルタントも、こういった情報を集め、整理し、直接伝えてきました。

　にもかかわらず、いまだ多くの中小ビジネスが漠然とした不安を抱え

ています。

　猛スピードでデジタル化が進んでいることを感じているからこそその、「現状でよいのだろうか」という焦り、「うちは規模が小さいので IT なんて」と否定してもぬぐえない迷い。

　足りないものはなんでしょう。

　個別のツールについては毎日のように宣伝・記事が流れてきて一つひとつのことはわかる。ただこうした情報を経営目線で自社向けにどう整理すればよいのだろう。断片的・部分的に触れるシーズの情報を、事業全体からみたニーズにどのようにあてはめて活かせばよいのだろう。

　財務や人事、営業やマーケティングなど、経営に関する情報は体系化され、学びやすくなっている。中小ビジネスにおけるデジタル活用についても同様に、全体像と基本原則が身につき、さまざまなケースを抽象化・汎用化したメソッドがあれば、「手をつけるべきなのに見落としていることはないか」「ビジネスを伸ばすために、まず何に力を注いだらよいのか」を判断しやすくなるはずです。

　現場を知る経営者が、デジタル活用を求め、考え、IT ツールを選び、使いこなす際の拠り所となる経営的視点からの方法論、つまり、中小ビジネスにとってのデジタル経営のフレームワークがいま、希求されているのです。

中小ビジネスの現場に役立つような
デジタル化の情報がなかなか手に入らない

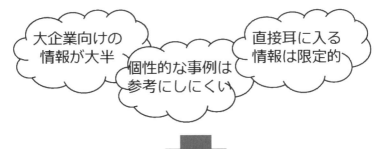

大企業向けの
情報が大半

個性的な事例は
参考にしにくい

直接耳に入る
情報は限定的

**中小ビジネスのための
デジタル経営のフレームワークが必要**

- **経営・財務・人事・営業・マーケティング
  と同じような汎用化したメソッド**

- **経営者自らが自律的に学び、理解し、
  実践するための指針**

（3）現場に学び、抽出したフレームワーク

　私たち IT コンサルタントは、さまざまな形で中小ビジネスの IT 活用を支援しています。

　窓口相談、個別訪問、経営者研修、スタッフ研修、セミナー。時には中小ビジネスを支援する立場の金融機関や支援機関の職員さん向けの研修を担当させていただくこともありますし、支援機関の職員の立場で中小ビジネスを支援することもあります。

　経営者の方からは、どんな IT ツールがよいのか、どのように IT 活用を進めていけばいいのか、そもそも経営にどのように IT を活かせばいいのか、といった相談を受けたり助言を求められたりします。

　私たちは、ご商売の状況や現場の様子、具体的に困られていることなどをヒヤリングを通じて浮かび上がらせ、できるだけ的確に現況を把握した上でアドバイスします。

　そういった中で、つくづく実感するのが、経営理論などの教科書通りにはいかない、中小ビジネスの多種多様でオンリーワンな現場です。

＜コンサルティング現場での気づき＞

　同じ業種でも立地や地域によって市場環境や競争条件は当然に違うし、同じ業態でも社風や働いている人のスキルが異なれば悩みも変わる。個別事情のさまざまな制約を抱えており、同じ中小ビジネスだから同じ課題があるという単純な話ではない。会社の数だけビジネスの在り様がある。

　中小ビジネスの経営者は日々そういう現実と折り合いをつけた選択を

繰り返して前進しています。手にしている情報は十分か。リスクが隠れていないか。いま決断すべき時なのか。これが最善の選択か。

　デジタル活用についても同様です。直面していた制約、優先順位の考え方、受容したトレードオフ、背景と経緯、そして、実現したい未来。その結果としてデジタルの選択が行われています。

　だから理屈通りにいかないわけで、そこには生々しいリアルな「経営者の選択」という現実がある。

　机上のべき論ではなく現実の選択。経営者はどういうデジタルを選択したのか。なぜそのタイミングでそれを選んだのか。デジタルでどんな課題を解決しようとしたのか。

　この経営者の選択こそが、中小ビジネスがデジタル経営を進めるためのエッセンスが凝縮されているポイントではないか。一つひとつの中小ビジネスの現場でのみ生み出される現実の教科書から学べることがきっと山ほどあるに違いない。

　中小ビジネスにとってのデジタル経営のフレームワークは、まさに中小ビジネスの現場にその答えがある。コンサルティングの現場でとても大きなヒントをいただきました。

＜100 の事例を徹底分析＞

　現場は一つひとつ異なるといえども「経営者の選択」の裏にある「これをしたい」という思いには共通的なものがあるはず。「現実の教科書」を現場から集めれば中小ビジネスに共通するデジタル経営の拠り所になるものができるのではないか。そういう思いから私たちデジトレは動き始めました。

　有難いことに、デジタル化の進展の中で、数多くの中小ビジネスの IT 活用事例が世に出て蓄積されています。個性あふれる中小ビジネスの事例ですから、丸ごと参考にできるわけではないにしても、過去に現実に起きたリアルケースだからこそ、多くのヒントや気づき、学び、を得ることができる。

　事例に登場する IT ツールそのものは古い製品であったとしても、直面していた現場の課題や、それをデジタルでどのように解決しようとしたかという着眼点や発想は変わらず参考になる。

　しかし、経営者自身がこれらの事例を常にチェックして、自社の参考になる要素を抜き出すのは現実的には難しい。

　ならば、私たちがそれをやろう。

　私たちコンサルタントは日々の現場で、その経営者の選択、同時に、選択をした経営者の悩みや迷い、夢や思い、決意や覚悟に直面しています。多くを学べる立場にいます。その経験を元に、過去の事例を分類整理すれば、エッセンスを抽出できる。

　私たちは、中小ビジネスが IT 活用に取り組んだ 100 を超える事例を選び出し、約半年かけて「経営者の選択」を一つひとつ学んでいきまし

た。

　導入したITツール、抱えていた課題、どのように解決しようとしたかという方向性、直面した問題点、経営からみた必要性や必然性など、さまざまな視点から、各事例に共通的に見られるエッセンスを抽出しました。

　そして、抽出されたエッセンスを、どう言葉で表現するか。それぞれのエッセンスはどんなコンポーネントから構成されているのか。何と何を組み合わせ、何と何は分離した方がわかりやすいのか。個別事情ではないのか、中小ビジネスに本当に共通する視点なのか。

　形にしては検証する。検証しては壊して形を作り直す。そういった繰り返しのワークの結果、これから本格化するデジタル化の時代に、中小ビジネスの拠り所となりうるフレームワークを策定することができました。

　それが、中小ビジネスの経営者が、その時にデジタルをどう経営に役立てようとしたか、「デジタル－5つの活かし方」です。

１００以上のIT活用事例

「経営者の選択」を一つ一つ学び、要素を抽出し、
現場経験のあるITコンサルタントの視点で整理・分類

経営者がその時、どのように
デジタルを経営に活かそうとしたか

デジタル－５つの活かし方

自社の魅力を 伝達する 【伝える力】	社外との関係を 拡げ、深める 【つながる力】	情報で事業の 回転数を高める 【回転力】

情報の使い勝手を良くする　　　【基礎体力】

情報で現場を滑らかにする　　　【体幹力】

第3章　デジタル－5つの活かし方

＜中小ビジネスを伸ばす　デジタル－５つの活かし方＞

　私たちが現場の教科書から導出した「デジタル－５つの活かし方」は、あるべき論ではなく、現実の IT 導入に際して経営者が行ってきた事実を体系的にまとめたフレームワークです。

　いくつかの先進的な取り組みはあえて盛り込まず、多くの中小ビジネスにあてはまるよう、汎用性・普遍性を重視して整理しています。

　さまざまな IT ツール・製品の活かし方が、たった５つしかないと聞けば、「それだけ？」と思われるかもしれませんが、どんな経営の局面にも当てはまり、中小ビジネスを伸ばす骨太の指針となる５つを定義することができたと考えています。

　一つひとつのデジタルの活かし方には、そのために鍛えたい職場の「デジタル活用力」を設定。そして、それを伸ばすために強化したいポイントを「整備の強化ポイント」と「習慣化の強化ポイント」として定義しています。

　「整備の強化ポイント」には、どういった IT 投資をしていけばよいのかという点を、一方の「習慣化の強化ポイント」には、投資した IT をどのように活用していくかという点を整理しました。

　これは、IT 投資において従来から言われていることで、投資するだけでなく、投資したソフトウェアを上手にフル活用していくことが大切だという考え方に基づいています。

　例えば、グループウェアという IT システムを導入して、スタッフのスケジュールを共有できるようになったとします。じゃあ、IT システムを導入した翌日から皆がこぞってスケジュールをそこに入力するようにな

るでしょうか。いいえ、事はそんなに簡単ではありません。

　スケジュールを共有する目的、スケジュールを共有したい動機、スケジュールを共有すべき仕事があって、はじめてスケジュールをそこに入力する理由が生じます。そうでなければ、今まで通り仕事をしていた方がラクですから、意味もなくわざわざグループウェアにスケジュールを入力することにはなりません。

　せっかく投資するITシステムを、絵に描いた餅、宝の持ち腐れにさせないために、投資計画と活用計画をセットのものとして考えていくことがとても大切なのです。

１．自社の魅力を伝達する　【伝える力】
《整備の強化ポイント》　　・魅力伝達機能の整備
　　　　　　　　　　　　　・魅力形成機能の整備
《習慣化の強化ポイント》　・育成の習慣
　　　　　　　　　　　　　・外の声を聞く習慣

２．社外との関係を拡げ、深める　【つながる力】
《整備の強化ポイント》　　・顧客利便性の整備
　　　　　　　　　　　　　・パートナー連携の整備
《習慣化の強化ポイント》　・コントロールの習慣
　　　　　　　　　　　　　・チャレンジ習慣

３．情報で事業の回転数を高める　【回転力】

《整備の強化ポイント》　　・管理水準を高める整備

　　　　　　　　　　　　　　・データ活用環境の整備

《習慣化の強化ポイント》　・成長に活かす習慣

　　　　　　　　　　　　　　・知恵を集める習慣

4．情報の使い勝手を良くする　【基礎体力】

《整備の強化ポイント》　　・情報アクセスの整備

　　　　　　　　　　　　　　・一元管理環境の整備

《習慣化の強化ポイント》　・そろえる習慣

　　　　　　　　　　　　　　・データ保全の習慣

5．情報で現場を滑らかにする　【体幹力】

《整備の強化ポイント》　　・業務ルールの整備

　　　　　　　　　　　　　　・業務環境の整備

《習慣化の強化ポイント》　・振返りの習慣

　　　　　　　　　　　　　　・共働の習慣

さあ、デジタル－５つの活かし方を詳しく見ていきましょう。

１．自社の魅力を伝達する

< SCENE 1 >

　北関東で造園サービス業を営む「つくばガーデングリーン」。この架空の中小企業の日常の一コマからスタートです。あなたの職場でも似たようなことがありませんか。

　今回の主人公は、行政施設や公園の造園工事を長年担当してきたベテランの和久井部長。この会社の主力事業である公共案件を支えてきました。ある日、社長の息子である専務が中心となって5年ほど前から取り組んでいる個人向け事業のお客様宅に和久井部長が訪問しました・・

　　　　　― ― ― ― ― ― ―

　外構工事を担当した個人宅のお客様に定期訪問した和久井部長。点検を終えたところで、「この水道の蛇口のデザイン本当に気に入っているのよ～♪」とお客様が一言。

　変わった蛇口だなぁ～と思いつつも、「へぇ、ステキですネ」と軽く相槌をうって受け流したところ、「これ、お宅のホームページで『専務のイチオシ』って言うからつい選んじゃったのよね。オススメいただいて良かったわぁ～！」と。

　あっ、これ、うちのホームページでイチオシしてたのか。そういえば、SNSに載せるっていうんで専務が何度も写真撮ってたよな、、と思っていた所、同行していた若手の掛井君が「これって、ABC社の64年モデルですネ！！大人気商品ですよ」との相槌。

　どうも、ホームページも SNS も彼はちゃんと見ていたようだ。

　彼はカバンの中からタブレット端末を取り出し、専務が社内でのノウハウ共有のためにまとめている社内ブログにアクセスし、同年代の外構商材をお客様にお見せしながら、64 年モデルの話からアメリカ製のエクステリア・外構デザインの変化にまで話を発展させていった。

　これにお客様はますます興味を持って頂くことができ、追加の外構工事のご依頼に発展。

　更に、掛井君が、お客様の施工事例を当社ホームページやパンフレットへ掲載したい旨をお願いした所、快諾を得た。

　お客様も、お気に入りの蛇口とエクステリア・外構が掲載・発信される事にワクワクしているご様子。

　普段、工事の事しか考えていなかった自分の接客とは大きく違う掛井君の対応に軽いショックを覚えたが、最近社長がよく言っていた「工事担当者も営業の一員だぞ」ということの意味にやっと気付けた気がした。

　掛井君、グッジョブでした！

　彼の機転で追加のご依頼や事例掲載の承諾につなげることができましたね。

　掛井君は、外構商材のウリや特徴をきちんと理解していました。そして、社内ブログに蓄積された商品情報を上手く活かして、お客様に商品の魅力を伝えることができていました。

　和久井部長はどうだったでしょうか。施工を中心に担当していることから「自分の仕事は、工事だけしっかりやればいい」というような意識で、販売促進についてはほとんど関心がなかったんですね。だから社内ブログも SNS も、それを見たことはあっても、現場で活かすことは思い浮かばなかった。

　お客様から見れば、SNS でイチオシされていた外構商材を気に入って話しかけたのに、現場の担当者に塩対応されてしまったらどんな気持ちになるでしょう。魅力を伝えるために SNS を使っているのに、かえって評判を落とすことにもなりかねません。

　魅力を伝えるためには、ホームページやパンフレットはもちろんのこと、営業担当者、現場担当者、電話応対者、すべてのスタッフが同じメッセージを発信することがとても大切です。自社のビジネスで今、伝えたいことは何か、どのように伝えていくかをすべてのスタッフで方向性をそろえていきましょう。

　和久井部長は帰社後、この日の出来事を社内ミーティングで共有しました。案の定、他の工事担当者も通販事業の商材についてあまり理解できていなかったので、掛井君を講師役に専務の社内ブログを見ながら勉強会を実施しました。あわせて、グループウェアの社内掲示板を活用して、現場での施工の注意点や工夫した点、お客様から寄せられた喜びの声などを共有できるようにしました。

　このように、外部の声や現場の状況を社内へフィードバックすることはとても大切です。自社の魅力の伝わり方が適切だったか、伝える内容や伝え方を見直す必要がないかなど、繰り返し確認して魅力をしっかりと伝える工夫をするきっかけとなるのです。

（1）デジタルで魅力を伝える

　多くの中小ビジネスで、社外へ自社の魅力を伝達するために、Web サイトや SNS などのデジタルを活用しています。

　インターネットは中小ビジネスにかつてないチャンスをもたらしてくれるものです。デジタル空間では会社の大きさは関係ありません。無限大のディスプレイの先で公平な勝負が行われています。大企業ではなくても、お客様や取引先、就職希望者、地域社会に直接メッセージを伝えることができるようになりました。

　Web サイトは紙の会社カタログの代わりに 24 時間 365 日情報を発信し続けてくれますし、SNS によるつながりは、日々のありのままの取り組みや努力、情熱を広く伝え、拡散してくれます。YouTube や Instagram では、TVCM のように多額の資金を投入しなくても、自撮りの動画や写真で手軽にたくさんの情報を伝えることができる。クラウドファンディングでは思いやストーリーが発信され、その共感の結果として資金調達までもができる世の中となりました。

　デジタル技術により、それこそ世界中に自社の魅力を発信することができるようになりました。これをビジネスに活かさない手はありません。「目の前にあるデジタル」の最もわかりやすい活用方法です。

　一方で、選択肢が多すぎる、技術の変化が速い、次から次に新しいサービスが登場して移り変わっていくため、ついていくのが大変な分野でもあります。

　ここでは、自社の魅力を伝達するためにデジタルを上手に活かすにあたって、強化したい 4 つのポイントを解説します。

＜魅力とは？＞

　と、その前に、自社の「魅力」というものについて一旦整理しておきましょう。

　社外へ、世界中へ伝えたい、会社の「魅力」って、何でしょうか？

　オンリーワンの製品を提供できること？

　高品質なサービス？

　働きやすい職場？

　そうですね。そのすべてが魅力であるかもしれないし、実は魅力ではないかもしれません。魅力というのは、自社が決めるものではなく社外から評価されるもの。

　あるネジ製造業では、「気に入っていたメガネのネジを無くしてしまったんだけど」というお客様からのご相談をきっかけに、ネジ1本から対応できるという自社のポテンシャルに気が付き、会社のホームページとは別に、小ロット専用の EC サイトを立ち上げ、お客様からの期待に応えています。

　ある観光農園では、来園者アンケートに書かれた「雨の日にぬかるんで歩きにくい」「蜘蛛の巣がちょっと苦手」といった数人のお客様からの指摘に真摯に向き合い、細かな改善対策を行って満足度を高める努力をしています。

　魅力というのは、製品やサービスを利用する側が感じるもの。自社が伝えたいことよりもお客様が知りたいこと。お客様の困りごとをどう解

決できるかという自社からの提案とも言えるでしょう。

　また、魅力というものは、世の中に変化にあわせて変質していくもの。ある時点で魅力的だったことが、そのまま永続していくことはありません。競争環境やお客様のニーズは必ず変化し、それに伴って魅力もおのずと変化していきます。

　魅力を伝えようとデジタル活用に取り組んでいる多くの中小ビジネスは、まさに、この課題に挑戦しているのですね。

　自社の魅力とは何かを常に探求し続けて工夫をし続けています。お客様、取引先から見た期待とその変化をキャッチし、自分たちが提供できる魅力を再確認し、ズレがあったら迅速に修正する。

　一度カタチにした魅力も現状維持をよしとせず、磨き続ける。顧客であれ取引先であれ人材募集であれ、自社の魅力を伝えたい相手とキャッチボールをし続けている。

　そういった中小ビジネスが取り組んでいる、魅力伝達への挑戦について見ていきましょう。

自社の魅力を伝達する

取り組みたかった事
（課題）

- 新規顧客の開拓
- 既存顧客との取引維持、深掘り
- ファンの育成
- 職場にあう人材の募集

デジタルをどのように
経営に活かそうとしたか

自社の魅力を
伝達しよう

- 魅力を伝える手段を整える
- 魅力を伝える素材をつくる
- 魅力そのものを磨く
- 社外に耳を傾ける

デジタルの活用

- Webサイト
- SNS発信
- 動画サイト
- 地図サイト
- クチコミサイト
- カタログ・チラシ
- 標準営業資料
- 社内向け資料
- マニュアルの改善
- 顧客アンケート
- 販売実績の可視化
- 社史まとめ

Ａ．魅力を伝える手段を整える

整備の強化ポイント：魅力伝達機能の整備

　最初は、魅力の伝達方法です。
　自社の魅力を相手に伝えるためには、どのようにデジタルを活用すればよいのでしょうか。

　社会インフラとして定着したインターネットを使って、Web サイトや SNS を通じて魅力を伝える方法はもちろんその一つです。
　「internet live stats」というサイトによれば、全世界の Web サイトは 18 億ほどあるとされています。国内でもほとんどの事業者が Web サイトを持ち情報発信するようになりました。後で紹介するようなさまざまな便利ツールの登場により、Web サイトや EC サイトを作ること自体は比較的簡単になりましたが、作ったサイトにアクセスしてもらえるかというとそんなに簡単ではない現実が依然としてあります。
　サイトを作ることは、山奥にポツンと飲食店を開くようなもの、とよく言われます。店を開いただけでは誰も来店しない。ここに店があることを知ってもらい、こんなおいしい料理を提供していますよ、という魅力が伝わってはじめてお客様が足を運んでくれます。

＜知ってもらうために＞

　では、サイトを知ってもらうために何をすればよいのでしょう。

　幸い、現代のインターネットでは、知ってもらうための経路が多様に増えました。

　Google 検索で直接サイトに訪れてもらう方法だけでなく、Facebook、Twitter、Instagram といった SNS や YouTube、クチコミサイトや、最近では地図アプリなど、さまざまなメディアを経由してアクセスしてもらうことが可能です。

　これは、お客様と出会えるチャンスが増えたことを意味します。

　中心市街地に大きな広告看板をドンと設置しなくとも、道すがら立ち寄ったショップや公園などいたるところで山奥に開店した飲食店のステッカーがふと目に留まるよう、それぞれのメディアに自社の情報を残しておくことでお客様と出会える可能性が高まります。探し出してもらえる確率が上がります。

　成熟した社会では、狙いとする顧客セグメント（顧客層）を決めて、そこにあわせて広告などを集中展開する「ターゲットマーケティング」という従来手法が効きにくくなります。多様化したライフスタイルの中でニーズは細かく枝分かれしていくため、「F1 層」とか「単身世帯」と一括りにしても、その実態はさまざまだからです。

　こういった現代社会でネットを上手く使いこなして集客に成功している中小ビジネスに共通しているのは、実は「お客様から見つけてもらっている」こと。

　毎日の SNS 投稿や映えを意識した Instagram への写真投稿、YouTube への動画投稿など、とにかく積極的に情報発信をしています。「中の人」が楽しんで取り組んでいるし、外から見ていて熱量を感じます。発信する情報もリアルでウソのない等身大のものが中心で、ムリせずに継続できている。それによって、お客様に「見つけてもらいやすく」なっている。

SNSやYouTubeなど複数の経路を通じて情報発信に取り組むことは、つまり、足跡を残すこと。お客様の方から、自分の価値観や感性、好みにあった、自分にとって魅力的なお店を、足跡をたどって見つけくれることにつながります。

　情熱を持って情報発信し続ける。これがいまのインターネットの性質から考えうる合理的な作戦であり、魅力伝達の第一歩です。

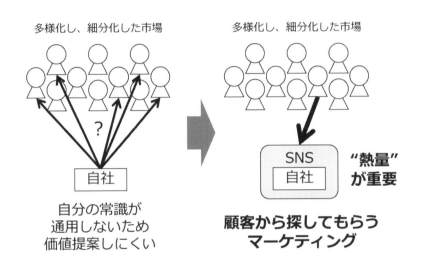

<日々の仕事の中で魅力を伝える>

　さて、自社の魅力を伝える役割を担うのは Web サイトだけではありません。

　営業担当者や購買、配達、採用など、社外の方と接するすべてのスタッフが、日々の仕事の中で魅力を伝える役割を担っています。

　先ほどの SCENE では、和久井部長がこんな感想をもらしています。

「最近社長がよく言っていた『工事担当者も営業の一員だぞ』っていう事の意味にやっと気付けた気がした。」

　つくばガーデングリーンでは、事あるごとに社長から工事担当者に対して「工事の合間で行うお客様との会話の中で、人気の新商品や売れている理由などを積極的にご紹介するようにしよう」という指示が出されています。

　工事担当者による魅力の伝達です。

　この社長の指示通りに工事担当者が魅力を伝達するために、デジタルをどのように活かすことができるでしょうか。

　まず、どんな商品が人気なのかを工事担当者が知らなければそもそも紹介ができません。

　そのためには、販売データを集計して工事担当者と事前に共有しておくことが必要ですね。データ集計には表計算ソフトを使い、そのファイルを外出先から参照できるようにクラウド型グループウェアを活用しましょうか。

　さらに、売れている理由がわかれば会話もしやすくなります。ネットのアンケートを実施して購入者の生の声を集めましょう。貴重なお客様の声をサッとお見せする資料も用意しておきたいですよね。その資料も共有フォルダにアップしておいてタブレット端末ですぐにご提示できるようにしておきましょうか。

　例えば、宿泊業のようにお客様と接する機会の多い現場においては、スタッフが提供する一瞬のサービスそのものが魅力の源泉となります。そのため、接客サービスの手順を記載しておく業務マニュアルは、一連の作業の流れだけではなく、自社独自の魅力がしっかりと伝わるものにしておきたい。

接客の際、特に正確に伝えたい情報は、あいまいな表現を見直して誤解を招かない伝え方などをしっかりとマニュアルに落とし込んでおくことが必要です。現場では、それをいつでもスタッフが手元のタブレット端末で確認・参照できるようにしておく。周辺の観光案内や最新情報なども同様にチェックできるようにしておけば、宿の魅力を誰でも伝えやすくなります。

　理想的には、マニュアルがなくても、一言一句伝える内容を記載しておかなくとも、スタッフ一人ひとりが自分の言葉でしっかりと魅力を伝えられるといい。しかし、ベテランも新人もアルバイトスタッフも、今日から全員が同じ知識、考え方、価値観を持って仕事ができるかというと、現実はそんなに甘くない。

　スタッフが日常業務の中で、自社の魅力を伝えるべき時に正確にお伝えできるように、伝えるべき魅力をデジタル化して利用しやすくしておくこと。理想と現実のギャップを埋めるためのサポートツールとしてデジタルを活かせるわけです。

＜メッセージの統一と分担＞

　そして、このような魅力伝達においてとても重要なことは、社外に発信する情報を統一し、一貫性のあるメッセージを伝えることです。

　お客様や取引先から信頼され、長く良い関係を構築していくためには、どの場面・どの時点で自社の情報にアクセスいただいているかにかかわらず、メッセージに統一性があり、組織として一貫した姿勢を伝えるものであることが望まれます。

　会社紹介文、ホームページやパンフレットの表紙で使う写真、キャッチコピー、コーポレートカラー、ユニフォームや商品パッケージ。それ

らをその時々の思い付きで決めるのではなく、会社全体の一貫したメッセージ・思いとして伝えることができるように整えましょう。

　また、デジタル時代のお客様や取引先とのコミュニケーションは、Webサイトや EC サイトなどの「オンライン」と、対面での「オフライン」がミックスされたものになります。この一つひとつの社外との接点が一貫したものになるよう、オンラインとオフラインがスムーズに連動して一体的に魅力伝達の役割を果たせるよう設計することが肝心です。

　ある住宅建設業では、初回打ち合わせ時に渡すパンフレットには、自社の得意な設計事例を幅広く伝える役割を持たせ、品質管理や住宅性能向上への取り組みは、ホームページで最新の情報とトレンドをあわせてしっかり解説する。SNS では、豊富な建築事例を見学会の案内にあわせて発信すると同時に、動画は YouTube に、写真は Pinterest（写真共有サービス）にアップし、ネット検索で自社情報にヒットしやすくしておく。このように情報発信の TPO にあわせて役割をもたせ、連動して魅力を伝達できるようにチャレンジしています。

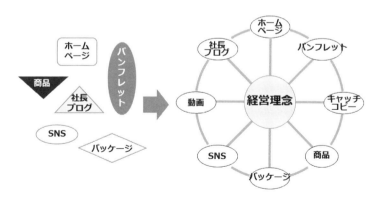

■ メッセージの不統一　　◎ 経営理念を核としたメッセージ
■ 単発的な発信　　　　　◎ 役割の明確化と連携
■ 一貫性のなさ　　　　　◎ オンラインとオフラインの連動

<更新し続けるために>

　ところで、パンフレットやチラシ、ホームページ、業務マニュアルなどで表現してきた自社の魅力は、定期的に見直して更新していますか。ホームページの"最新情報"が1年前の内容だったり、社長のブログが5年前の更新を最後に止まっていたりしませんか。営業資料とホームページの内容が異なっていたりしませんか。

　ブログなどで過去の情報がインターネット上に記録・蓄積されていることは検索されやすくなる利点がありますが、鮮度の悪い情報や誤った情報は、中小ビジネスの魅力を低下させてしまうリスクもあります。

　現場で一生懸命に魅力を磨き続けていたとしても、古くなった情報が足を引っ張ってしまってはもったいない。

　そのようなことを防ぐためには、特に、Webサイトの情報更新を素早く簡単にできる機能の整備が重要です。一つの文章だけ更新したいのに何日もかかる、あるいは、都度コストが発生する、といったことになると、情報の更新にブレーキがかかってしまいますよね。

　地産地消の野菜をウリにするレストランがあります。新規開業にあわせてホームページは制作したものの、更新がしにくかったためほとんど活用できていませんでした。デザインよりも何よりも、自分達で更新して常に最新の情報をお届けできることが最優先であると決意して、なんとか使いこなせそうなツールを探す中で、ホームページを自ら制作できるクラウドサービスの一つ「Jimdo」を採用することになりました。

　週替わりのランチメニューを写真撮影してはコメント付きで更新する、桜の開花など季節の移ろいを写真で紹介する、サイクリング途中の来店

が多いことに気が付いて自転車を停めておけるスタンドを設置してブログで案内する、団体向けのご案内ページを作ってランチだけでなくカルチャースクールへのレンタルスペースのような取り組みも開始、コロナ対策についての情報発信も丁寧に行うなど、次から次へと伝えたい情報を自ら発信できるようになりました。

　実際、自社の魅力を伝えるといっても、最初から完璧なコピーや表現が見つかるわけではありません。自ら手を動かして文章を作成する中で、より自社の魅力にフィットした言い回しに"出会う"ことができますので、試行錯誤できる環境はとても大切です。また、ある程度試行錯誤した上でWeb制作会社にリメイクを依頼すれば、現物があるのでこちらの要望も伝えやすく、認識違いや誤解を減らすことができ、希望に近い仕上がりを期待しやすくなります。

　このようなクラウドでWebサイト制作ができるサービスの中には、ECサイトを構築できるものも増えてきました（StoresやBASE、Shopifyなど）。必要十分なデザイン性と機能性のサイトを、クリック操作で写真を貼り付けるなどワープロソフトのように制作することができます。また、テイクアウト対応など世の中で求められるオプション機能も順次追加されるので、よりフットワークのよい魅力伝達が可能となります。

　なお、レンタルサーバにインストールして利用する「WordPress（CMSの代表例）」を利用している中小ビジネスも多いと思います。クラウド型のサービスに比べて柔軟性が高いので、さまざまなプラグイン（追加機能）を活用してECなどの機能拡張も可能ですし、細かなデザインの調整もできますが、操作に慣れるには少し習熟が必要です。

　こういった環境でもこまめな更新を行おうとする場合には、ブログページの更新だけは自分達でできるようにする、ページの更新をできるスタッフを限定する、SNSと連携して情報を自動更新できるようにしてお

く、など、更新のルールを定めたり、使い方のマニュアルを整えたり、更新機能を工夫するなど、Web 制作会社とよく話し合って、運用方法も含めた対策を検討してみましょう。

　進化するデジタル技術の中では、届けたい相手に適した媒体を選択できているかを定期的に見直すことも大切です。20 年前に YouTube や Instagram はありませんでしたが、今は情報の受発信地として多くの人々の手の中にあります。メルマガをずっと送っていたとしても、何年も経てば受信しているお客様のライフスタイルも変化しているでしょう。今後も新しいツールがさまざま登場する中で、その一つひとつにいち早く飛びつく必要はありませんが、届けたい相手にしっかり届いているか、もっとよい手段はないか、と、常にチェックして、情熱を注げるツールを選んでみてください。

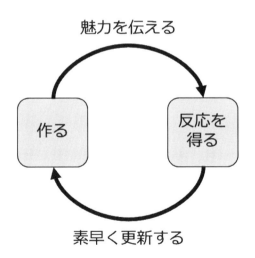

B．魅力を伝える素材をつくる

整備の強化ポイント：魅力形成機能の整備

　次は、魅力を伝えられる素材を創ること。
　Web サイトや SNS で自社の魅力を伝えようと思っても、素材がなければ何も発信できません。自社の魅力を伝えることのできる良好な素材を用意することはデジタル活用の重要な取り組みの一つです。

　ありのままを写し取る写真や動画はまず何よりもそろえたい素材。

　飲食店向けに有機野菜を直販している農業法人では、スタッフが農作業に出るときは、デジタルカメラを必ず持って出るように指導しています。種まきの様子、発芽の様子、葉が大きく開いてきた様子、収穫の様子などなど、一年を通して毎日の畑の様子を写真や動画で記録し、撮りためた素材は丸ごとクラウドファイル共有サービスに保存して自社サイトで紹介するだけでなく、お客様である飲食店が自由にいつでも利用できるようにもしています。

　前述の住宅建設業では、施工事例の撮影は必ずプロのカメラマンに頼んでいるそうです。さすがにどの写真も素晴らしい仕上がり。デザイン性の高い注文住宅を建てることが企業の強みでもあるため、写真にこだわることでその美しさをしっかりと Web サイトやカタログを通じてお客様に伝えることができています。

SNS を活用しているある福祉事業所では、入居者の笑顔の写真を必ず投稿するようにしています。ご本人やご家族の許可を得るなどの手間はかかりますが、施設のアットホームな雰囲気を伝えるためにどうしても欠かせないものだということです。

　ウォータージェット加工という特殊な加工技術を持った会社のホームページでは、さまざまな素材をウォータージェットで切断する様子を動画で確認できます。写真よりもさらに情報量が多い動画は、細かな技術や操作方法を伝えるのに最適です。

　スマホ一つで高精細な写真も動画も撮影できる時代です。現場で何でも撮影できるわけですが、もしも何を撮ろうかと迷うようなら、現場での点検、バックヤードでの品質管理など、ふだんは表に出ないルーティーン（繰り返し）仕事の風景を撮影してみてはいかがでしょう。地道な仕事でも手を抜かずしっかりやっている堅実な会社だという印象が信頼構築につながる素材になります。

＜一歩踏み込んでお客様の生の声を集める＞

　お客様の生の声も必ずそろえたい素材です。
　お客様から頂戴したお礼のメール、サイトに投稿いただいたクチコミ、手書きのアンケートに書かれた温かい応援メッセージなどは、自社の財産と言えるもの。
　前述のように、何が魅力かはあくまでも社外から評価いただくものです。普段から何気なくしていることも、社外からみれば自社の魅力につながる可能性がありますし、社内では気づいていない点が外から見れば

とても魅力的だったりするかもしれません。毎朝の掃除、活気あふれる職場、丁寧な梱包、そういった点が取引の決め手になることだってあるでしょう。

　自社では思いもよらなかった点を評価されたり、自社の良さをお客様自身の言葉で表現いただくことで気づきも得られます。

　アンケートにご回答いただいたり、スナップ写真を撮らせていただいたり、簡単なインタビューを動画撮影させていただくなど、一歩踏み込んで許可をいただきお客様の生の声をデジタル素材として積極的に集めるようにすれば、Web サイトや営業資料、パンフレットなどで自社の魅力をお客様自身の言葉でストレートに伝えることが可能になります。

＜社内のデータもまた魅力を伝える素材＞

　また、社内の販売関連のデータは、変化する市場の中で自社に期待されているポイントを見出すよい素材です。飲食店であれば人気メニュー、小売店であれば売れ筋商品、試作中心の製造業であれば最近の受注傾向などです。

　ある製造部品商社では、販売管理システムのデータをもとに売上のトレンドレポートを本部で作成して各営業所にフィードバックする取り組みをしています。

　販売管理システムに入力されたデータは各営業所が獲得した受注実績ですから、各営業所は当然自分の営業エリアの傾向を把握できている、かと言うと現実にはなかなかそうはいかない。個々の受注内容は知っていても、一人ひとりの担当者の最近の受注内容はわかっていても、営業所全体としてどんなトレンドになっているかは見えにくい。

そこで本部では、過去5年間の営業所別の売上の変化を品目別に表すレポートや、売上額上位8割を占める顧客が何社いるのかといったレポートを展開。あらためて営業所それぞれが強みを認識できることで、新規顧客開拓においてアピールできる材料を手にすることができました。

　こういった実績データの集計と分析は、地味で地道な作業ですが、お客様からの期待値の変化を知り、伝えるべき魅力をブラッシュアップできる、とても大切な取り組みです。

＜自社の歩みを振り返る＞

　最後に、魅力形成のための素材の一つとしてぜひ取り組んでいただきたいのは、自社の歩んできた歴史や実績から魅力の源泉を考え、その中からさらにお客様や社会から評価されてきたものを抽出することです。
　例えば事業を10年続けてこられたこと。これそのものが、社外からみて何かの魅力を持っていることの証明です。
　時代の変化にあわせて、どんなニーズにどのように対応してきたのか。何がお客様に評価されてきたのか。それはすべて、会社がこれまで取り組んできた過去の実績、ベテラン社員の知見やノウハウ、多くのお客様に取引いただいた事実の中にあります。
　それらをまとめ、社史のようなカタチにして、社内でいつでも学べる環境を整える。営業先でもすぐにご披露できるようにすれば、実績に裏打ちされた正確で誇張のない自社の真の強みをストレートにお伝えすることができます。

写真や動画	事実→信頼
お客様の生の声	これ以上ない魅力の表現方法
売れ筋など実績データ	評価いただいていることの証明
自社の歴史と経験	積み上げてきた底力

魅力を伝えられる素材として活用

C．魅力そのものを磨く

習慣化の強化ポイント：育成の習慣

　ホームページやSNSで自社の魅力を発信することと同じか、それ以上に重要なのは、伝えるべき自社の魅力の源泉、すなわち、商品やサービスそのものを磨き続けることです。

　デジタルを活かして社外に魅力を伝えようと努めていても、商品やサービス自体がそもそも魅力のないものであれば本末転倒になってしまいます。

　先にご紹介した、お客様の声をきっかけにネジ1本から対応する取り組みをはじめたネジ製造業では、商品の在庫管理の精度を上げて本数把握をしやすい業務改善を行い、通常のネジ製造工程の中で、小ロット対応をどのように組み込むかの試行錯誤に取り組んでいます。

　ある婦人服販売店では、販売データの分析結果をもとにお客様へのコーディネート提案の方法を工夫して店舗とネット両方の売上を伸ばす取り組みにつなげています。

　複数店舗を経営するあるレストランチェーンでは、各店舗の出来事やお客様の声、改善の提案を本部に集めた上で、全店の社員からアルバイトまで展開・共有することで、すべてのスタッフがお客様満足と経営品質改善を意識して日々行動できるようにしています。

　前述したように、魅力というものは世の中の変化にあわせて変質していくものです。今は強みと評価できる点であっても時間の経過と共に魅力が薄れていくもの。時には、競合他社や他業種が行っている情報発信の方法、魅力伝達の工夫もチェックしてみませんか。伝達方法や形成方法について気づきを得られるだけではなく、商品サービスそのものの強化ポイントも見いだせるかもしれません。

　魅力伝達と魅力磨きは表裏一体。Web サイトの運営と商品サービスの提供体制の整備も表裏一体。情報を発信すれば、それに対するレスポンスとしてさまざまなフィードバックが得られます。それらは貴重なマーケットからの示唆。しっかり受け止めて世の中の変化を感じ取り、商品やサービスの強化に活かしていきましょう。

＜経営理念という拠り所＞

　そして、スタッフもまた魅力の源泉です。

　ビジネスを形作るのはスタッフ一人ひとりの日々の積み重ね。基本的な価値観の共有とベクトルを合わせて、全員が伝える力を持ち、発揮できるようにすることが、魅力伝達においても大切です。

　あなたの会社では、組織内にしっかりと経営理念が浸透していますか。

　ある理美容業では、人材採用にあたって、自社の経営理念への共感度を重視して人材を採用しているそうです。

　価値観を共有できるチームであるからこそ、同じ基準で高い品質のサービスを一体的に提供できる。それが自社のブランド、魅力を形成し、スタッフの雇用の安定にもつながると。

自社の魅力伝達において、経営理念という常に拠り所となる価値判断の基軸を持つことで、発信する情報に一貫性と力強さが備わります。この情報を発信していいのか、こういう表現でいいのか、迷いを払拭する判断軸が経営理念です。

　情報が長く蓄積されていくデジタル空間の中では、ブレのない、誤解を生みにくいメッセージを発信することがリスクマネジメントの面からも大切です。

　社外から見れば、社員の何気ない発言や行動の１つ１つが、その会社の姿・イメージとして受け止められます。社内の誰からも矛盾のないメッセージを発信し続けられるように、社内メンバーが腹落ちするまで、自社がなぜお客様や取引先にご愛顧いただいているのか、その価値を確認し、源泉となる魅力を確認する作業を丁寧に繰り返しましょう。

　定期的に経営理念を確認する機会を設けることは本当に大切なことですし、新しい社員には、自社の魅力を理解できる教育やメンバー間で相互に自社の魅力を議論できる場を作るのもおすすめしたい取り組みです。

　実のところ、社外への魅力伝達ということが、社内への経営理念や価値観の浸透にそのまま役立ちます。

　会社案内パンフレットを最も目にしているのは営業担当者ですし、ホームページを閲覧することが多いのはお問合せ担当者です。社外向けの情報を日頃から目にし、社外に自分の声で伝えることを繰り返す中で、社員の中にも魅力が伝播していきます。

　そうした自分の仕事の成果としてお客様から感謝の言葉が届いたり、認めてもらったりすることは、仕事のやりがいを大きく高めることにつながり、自社の魅力を自信を持って社外に伝えることができるようにな

ります。

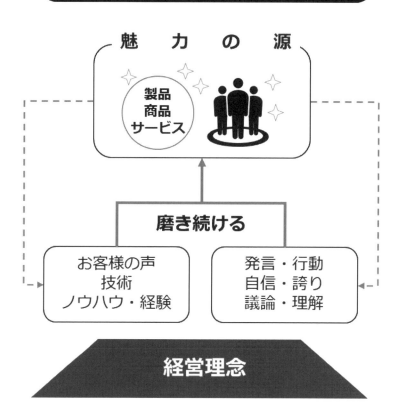

D．社外に耳を傾ける

習慣化の強化ポイント：外の声を聞く習慣

　最後は、社外に耳を傾けるということ。
　お客様の声を聞いていますか？

　ホームページやパンフレットで高い品質を一生懸命 PR していたが、お客様の声をよくよく聞いてみたら、実はそれ以上に短納期に市場価値があったなんてこともあるかもしれません。
　重要なのはそういったミスマッチに気が付くこと。ミスマッチをゼロにすることはできませんが、気が付きさえすれば、以降はその点を強調して PR するように軌道修正できるし、納期を守れる体制強化に取り組めることにつながります。
　井の中の蛙ではないですが、社内から自社を完全に客観的な視点で見ることはなかなか難しい。社外からどう見えているかを定期的に把握すること、定量化して変化に気づきやすくするために、まずは、ビジネスの実績をデータ化することから始めましょう。

＜定量化して変化に気づきやすくする＞

　サイトのアクセス解析はすでに多くの中小ビジネスが取り組んでいると思います。商品別のアクセス数やお知らせへの反応数の違いを知ることで、お客様が何を期待しているのか、どういった情報に関心を示して

いるのかをうかがい知ることができます。

　広告デザインによる集客数の違い、ランディングページ（広告をクリックした後に"着地"するサイトのページのこと）の記載方法によるコンバージョン率（アクセスしたユーザーのうち何人が申し込みや資料ダウンロードをしたかの比率）の違いなどは、自社が打ち出したメッセージとお客様の期待がどのくらいマッチしていて、どのくらいズレているかを評価する材料です。貴重な外からの反応です。そこからヒントを得ましょう。表現方法や写真の選択、サイトのデザインの見直しなど、魅力の伝え方をブラッシュアップしていきます。

　従来から多くの企業で取り組んでいるように、アンケートによりお客様や取引先、スタッフの評価や満足度を把握するのも大切な一手。
　SNS でアンケートを取得したり、Web アンケートツールを活用して自社の取引先に直接アンケートを依頼する、場合によっては、来店いただいたお客様に手書きでアンケート回答いただくこともまた有効です。
　アンケートでも大切なのは定量化すること。数字で把握することで、複数のデータを比べて違いがわかりやすくなります。設問による評価の違いはもとより、実施した場所や曜日や天候による違いが見えたり、前回からの変化に気づけたりすることができます。

　そして、今後重視したいのは、社外と接点のあるスタッフからのフィードバックです。
　上手くできたこと、喜ばれたこと、失敗したこと、気づいたこと、これまで自社が発信してきた情報が違う解釈をされていたり誤解されていること、期待されていることの変化に気づいたり、そう、「アンテナ」の役割ですね。
　これから国内外の市場はさらに大きく変化していくことが予想されて

います。特に国内では生産年齢人口の半減というこれまで誰も経験した
ことのない社会構造の激変期に突入していきます。

　そういった時代には、社外で起きた小さな動きから兆しをとらえるこ
とができる感度のよいアンテナが重要な役割を果たします。

　時には厳しいご指摘や苦言を頂戴することもあるでしょうが、それら
はすべてそのまま自社の魅力磨きに活用できるものです。定性的で断片
的な情報でも、社外の反応を機敏にとらえて、社内に蓄積・共有し、魅
力づくりに還流する仕組みをつくりたい。

　もちろん、お客様や取引先からの誉め言葉は、自社の魅力をさらに伸
ばしていくエネルギー源にもなります。

　グループウェアやチャットツールは、スマートフォンから手軽に使え
て簡単に写真やコメントを投稿できる情報共有のインフラとなります。
どんな情報が役に立つか見通しにくい状況に向かうからこそ、小さなこ
とでもなんでもそこに投稿する。極端に言えば、投稿された情報を後か
ら見返さなくたっていい。投稿する習慣、アンテナを張って外の情報を
キャッチする習慣こそが大切なのです。

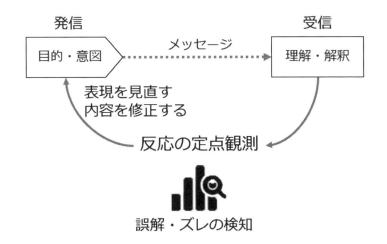

（２）手を入れ続ける

　100 年以上工事を続けてきたスペインはバルセロナの「サグラダ・ファミリア」も、ついに 2026 年には完成見通しと伝えられていますが、自社の魅力伝達に終わりはありません。

　どんなにデザイン性の高いホームページを作っても、どれだけお金をつぎこんで充実した構成のホームページを制作したとしても、3 年も経てば必ず古くなってきます。

　デザインの問題ではありません。投じた金額が足りなかったわけでもありません。誰が悪いのでもありません。時代は変化するからです。

　3 年も経てば、競争環境、顧客のニーズ、スタッフのスキル、経営者の経験、さまざまなものが変化します。自社が提供する製品やサービス、自社が注力する取り組みだって、3 年前とは違うはずです。諸行無常。一定であり続けるようなものはこの世に存在しません。

　完成しないということは、つまり、手を入れ続けることです。最初の立ち上げにどんなに時間をかけたところで、どちらにしてもすぐに直すことになります。

　逆に、最初に力を入れすぎると、「直したくない」という気持ちが生まれてしまいます。せっかく作ったんだから。お金をかけたんだから。と。

　そうなってしまうと本末転倒です。外の声を聞いて魅力を形成して伝達する。そういう役割であるはずのホームページが、いつからか一方的に自社のプロフィールを伝えるだけの存在になる。せっかく柔軟な情報発信が可能なデジタルツールを使っているのに、その効用を殺してしまうことになる。

サグラダ・ファミリアのような建造物と比べれば、デジタルツールは
とても柔軟に作り変えることができます。お客様のニーズにアンテナを
張り、工夫しながら、楽しみながら、自社の魅力を伝える力を伸ばして
いっていただきたいと思います。

2．社外との関係を拡げ、深める

< 　SCENE 2　 >

　個人宅向けエクステリア用品のネット注文の配送手配をする専務。伝票準備を担当している紺野さんに声をかけました。

　「紺野さん、最近、一度に同一商品をロット買いするお客様が多いね、これって同業者なんじゃないかなぁ？」

　「ホントですネ、専務。そういえば最近は結構多いパターンですヨ。拡販の為には代理店さんになってもらうのもありだと思います。」

　「そうだね、試しに、配送商品と一緒に、パートナーさん募集チラシを全てのお客様に同封してみたらどうだろう。紺野さん、お願いできるかな」

　一か月ほど経つと、BtoBtoC のビジネスを希望されている工務店からの取引希望の連絡が十数件にもなった、個別にコンタクトを取ってみると、どうやら正しい施工方法の詳しい説明など、商品説明会の開催希望が根強いようだ。

　そこで、新たに代理店制度とオンラインコミュニティを立ち上げた。

　最新の在庫状況をオンラインで確認できたり、売れ筋のトレンドやオススメ商品がわかる情報提供を開始。各地からは、よくある注意点やお客様の反応を投稿してもらえる機能を配備。Web による受発注も可能となり、従来の紙による仕事は激減し相互に成果が上がってきた。

　「紺野さん、募集チラシを配ってよかったよネ。こんなに多くの工務店さんが、我が社の商品に関心を持たれていて一緒にビジネスできるなんて、予想外にウレシイね。」

　「ホントですよネ、私もこの反響には驚いてます。Web の発注システムはとっても好評ですよ！」

　「そうだね、この連携をもっと育てて広げて行くためにも、もっともっと便利に仕事ができるデジタル化を進めて行こう！」

< SCENE 解説 >

　つくばガーデングリーンのビジネスが大きく変わろうとしています。

　社内の Excel で専務が管理していた在庫表を、クラウドのファイル共有サービスに置き換えたことで、工務店からいつでも参照できるようになり、電話やメールのやりとりで都度確認していた手間が減り、お客様への納期もグンと短くなりました。

　社内ブログで共有していた売れ筋や施工上の注意点などの商品情報を、紺野さんがパートナー限定の SNS に定期的にアップするようにしたことで、工務店からの受注が徐々に伸び、お客様からのクレームも減らせました。

　デジタルを活用して、パートナーやお客様と新しい関係を構築し、ビジネスを一緒に拡大していく。つくばガーデングリーンという組織の境界線を越えて、仕事、モノ、情報がスムーズに流れるように、連携してビジネスの提供価値を高めていく。

　難しくとらえることはありません、専務と紺野さんは、お客様の変化に気づき、仮説を立て、ちょっと動いてみた。すると、新たなニーズがわかり、事業を拡げる機会がみつかった。

　パートナー限定の SNS を立ち上げるのに費用をかけない方法はあるし、パートナー専用の受注システムだって決済手数料負担だけで使い始めることができる。目の前にあるデジタルをまずは使ってみたんですね。

　小さな可能性に目を光らせる、探ってみる、トライしてみることで、今まで自社だけでは解決が難しかった課題を、デジタルを活用した企業間の協働によってクリアできるようになる。お客様の満足度をより高めるサービスを提供することができるようになるんですね。

（1）お客様や取引先と、より深い関係を構築する

　デジタル技術を使って、より多くのお客様や取引先と、より深い関係を構築しようというチャレンジがはじまっています。

　「自社の魅力を伝達する」では、デジタル技術により世界中の人々に自社の魅力を発信していくことを見てきましたが、デジタルは、世界中の人々と双方向で通信（コミュニケーション）できる技術でもあります。
　双方向通信では、離れた所にいる人々と情報を素早く共有して、仕事を連動して進めることができます。電話やFAX、文章といったアナログではなく、デジタルデータで情報の交換を行うことで、記録、変更、蓄積、再利用といったコンピュータの機能を活かせるようになり、情報交換の手間を削減し、スピーディーに正確に効率よく仕事を行えます。
　銀行のホストコンピュータとATMを専用回線で接続することで、お金の引き出しや振り込みをリアルタイムで正確に処理する。本社とは別の地域に設置したカスタマーサポートセンターをVPN（Virtual Private Network（仮想専用線））接続により顧客情報を共有して、何人ものオペレータでお客様からの入電に対応する。企業間の受発注をEDI（Electronic Data Interchange（電子データ交換））と呼ばれるデジタルデータの交換で行う。
　この双方向通信というデジタルを活かした関係構築が加速しています。

　ある産業廃棄物処理業では、廃棄物受け入れのWeb予約にトライしています。処理工場の受け入れ能力を加味した受け入れ予定量をWebで開示。納入側はそれを見ながらスケジュールを調整して納入予約を入れる。こういった相互のコミュニケーションにより、廃棄物処理の予測精

度を高め、効率化することを目指しています。

　ある麺つゆ製造業では、飲食店から自社独自のスマホアプリでつゆの注文ができるようにしています。過去の注文履歴を確認しながら、さまざまなブレンドの中から自店が選んだブレンドを間違わずに簡単に追加注文できると同時に、受注する側も聞き違いを減らすことができて互いの業務の効率化につながっています。

＜スタートライン＞

　背景にあるのはスマホ社会の浸透です。

　人々の手には、いつでもどこにいても最新の情報をチェックでき、自分の思いを発信できる入出力装置が常時装着されるようになりました。

　ネットで買い物ができるのは当たり前。宿の空き状況やレストランの予約、故郷の名産品を手配するのも日常的なふるまい。就職活動もオンライン化が進み、仕事の報連相ももはやデジタルツールなしに語れません。

　利便性やスピードに一度慣れてしまうと、誰もそれを手放すことはできなくなります。そして、さらに使いやすいもの、役に立つものを求めていく。後戻りしない世界がそこにあります。

　個人から始まるデジタルが少しずつビジネスの世界にも波及し、大企業も中小ビジネスも、それぞれの立場で、この変化にどう適応していこうかと思案している状況ではないでしょうか。

　何もかもを双方向通信、言い換えれば「オンライン（On Line）」化しないといけないわけではありません。今までのお客様との関係にオンラ

インをちょい足ししたり、取引先との業務のやり取りに部分的にオンラインを活用したり、はたまたオンラインを入口につながりをつくってリアルに誘導したり、とオンラインとの向き合い方は一律ではないことは悩ましい点です。

　それでもこのインパクトは無視できません。中小ビジネスにとってのIT活用とか情報化って会社の中の話だと思っていたらそうではなくなった。デジタルネットワークを通じて会社の外とのつながりを構築することができる。地球の裏側の人とだって世界中の人とだって結びつき合うことが可能になった。距離や組織の違いを越えたつながりができることで、お互いの関係が近くなり、親密になり、離れにくくなる。事業成長のヒントがそこに見え隠れしている。

　ある意味でスタートラインなんだと思います。

　これから社会や人々、ビジネス取引は、デジタル技術によってつながりを深めていきます。大きく社会全体が変わっていく中で、どうデジタルを活かしていくか。社外との関係を拡げ、深めるために強化したい4つのポイントを解説します。

社外との関係を拡げ、深める

デジタルをどのように
経営に活かそうとしたか

デジタルの活用

- ECサイト
- ネット予約
- Web問い合わせ
- クラウド発注
- EDI電子データ交換
- オンライン商談
- オンライン見学
- お客様専用の情報発信、
  データ共有
- SNS双方向
- 情報セキュリティ対策
- 事業リスク対策

社外との
関係を拡げ
深めよう

- お客様に便利を提供する
- パートナーに競争力を高める
- リスクに備える
- 変化に挑戦する

取り組みたかった事
（課題）

- 24時間365日の注文や
  問い合わせの受付
- リモート営業や商談
- 顧客や取引先との業務
  の効率化、連携強化

97

Ａ．お客様に「便利」を提供する

整備の強化ポイント：顧客利便性の整備

　デジタル技術を使って社外とつながる。オンライン化。

　では早速、いままで FAX で注文を受け取っていたものは全部やめて Web サイトに入力してもらうことにしましょうか。電話でのご予約はすべて NG にして予約サイトに一本化？請求書の送付はやめて Web サイトからダウンロードしてもらうようにする？

　ちょっと待ってください。これって、何か一方的な感じがしませんか？

　オンライン化は、お客様に「便利」を提供することで成立します。

　お客様の手間を減らし、待ち時間を減らし、不明や不安というストレスを減らして、当社と取引するとなんだか便利だ、ラクだ。そう実感していただくことが大切です。

　営業時間外だから電話はつながらない、でもネットからなら予約を入れられる。問い合わせたいことがあっても、メールを入れておけば、後で返信してもらえる。

　毎年誕生日にお花を届けている。一年前の注文情報が残っているから、届け先の情報は再入力しなくて済むし、今年は昨年とは違う種類の花束を選ぶこともできる。

　新築住宅の工事の様子を定期的にお客様専用の Web サイトにアップ。

写真付きのレポートにより、気になる工事の進行をお客様自身でいつでも簡単に確認できる。

　このように、便利だから利用していただける。シンプルなルールです。オンライン化したからといって、かえって手間がかかったり、今までより不便になってしまうなら利用していただけません。

　そして、お客様に便利になっていただくと同時に、自社にとっても便利であることも大切です。お客様に利便性を提供してこちらは我慢すればいいという話ではありません。現場が疲弊してビジネスの継続が困難となっては本末転倒です。

　ネットからよく問い合わせいただく「よくある質問」を予約のためのWeb サイトに乗せておけば、お客様も自己解決できるし、こちらの対応工数も減らせるようになる。

　昨年のお花の注文実績データがあれば、再注文を促せるとともに、繁忙期予想に活用してスタッフのシフト調整もしやすくなります。

　こまめに工事の様子をお客様と共有することで、認識違いがあってもすぐに手を打てるようになり、手戻りやリカバリーの手間を減らせます。

　このように、デジタル技術を上手に活用して、双方向で Win-win のメリットを享受できる方策を見つけることが重要です。

　そのようなオンライン化による関係構築の具体的な方策には次のようなものがあります。

① 受付の Web 化

　お客様からの問い合わせ、予約、注文といった受付を、電話など既存のルートに加えて、Web やスマホアプリでの受け付けを可能にする方法。便利になる点は、24 時間 365 日受付が可能であること。記録が残るので言った言わないがなくなること。あらかじめ在庫や予約の空き状況を示せればやり取りの回数を減らせること。

② 注文の EDI 化

　従来からある電子データ交換方式で、お客様からの注文をデータで受領する方法。品番や型番の種類が多い、毎日あるいは日に何回か注文がある、細かな数量や寸法指定がある、といった取引では、人手を介するよりもミスを減らせてお互いに業務を効率化できる可能性があります。

③ オンライン接客

　コロナ禍により、多くの中小ビジネスがオンライン接客にチャレンジしています。寝具やアパレルの販売、不動産の内覧、引っ越しの見積もり、求職者面接など。コロナ収束後は、リアル接客とオンライン接客のミックスとなっていくでしょう。便利を体験してしまうと止めようとは思わないものです。

④ データの提供

　注文履歴のように自社内で記録蓄積しているデータを、オンラインで見ていただけるようにする方法。お客様ごとに専用ページを用意したり、お客様ごとにお見せするデータを限定する方法や、お客様ならアクセスできる専用のサイトで、注文のトレンドや売れ筋商品、製品のスペックデータなど、取引の参考になるような情報を一律に開示するのも一つの

方法です。

⑤　コミュニティの形成

　SNS などを活用した双方向コミュニケーションです。チャットボット（自動会話プログラム）などにより運営負担を抑えつつ、ライブ配信なども組み合わせ、お客様との対話の活性化手段としてより一層重要になるでしょう。

　オンライン化により利便性が高まることで、お客様との関係を強くすることが可能です。オンライン化をきっかけに新たなお客様とのつながりが生まれ、事業を成長させるチャンスを得ることもできます。お客様が便利であり自社も便利である。そんな一挙両得の打ち手を探しましょう。

お客様に「便利」を提供する

顧客の便利	自社の便利
いつでもどこでも 気軽に・早く	省力化・省人化
入力不要・検索簡単 安心・理解	傾向分析・新提案 品質安定

便利で
うれしい

よりよく
確実に

Win-Win

お客様の利便性を高めると同時に
自社の事業を強くする

Win-Winのつながりをつくる

B．自社とパートナーの競争力を一体的に伸ばす

整備の強化ポイント：パートナー連携の整備

　物理的・時間的制約を低下させるデジタル技術は、組織の違い、業種や業態の違いといった提供者都合で設定された境界線を飛び越して、利用者目線で最も便利で快適な手続きや流れ、役割分担を最適化するよう迫っています。

　コロナ禍で需要が高まったデリバリー。人手の減った都内の書店でも、書籍のデリバリーサービスを開始したそうですが、この際、書店はデリバリー代行サービスを提供するベンチャー企業とタッグを組みました。
　お客様からの注文を Web で受け付けると店舗からお客様宅までデリバリー代行企業が届ける仕組み。デジタルデータが裏側で連動することで組織の境界線を越えてスムーズにサービスを実現できることができた。
　お客様から見れば、本を届けてくれる便利なサービスを、どういう体制で提供されても構わないわけですね。

　このように事業ドメインが変化すれば、競争相手も変わり、ビジネスパートナーも変わります。自社の立ち位置や守備範囲も見直しを余儀なくされます。
　新しい競争の枠組みの中で、互いのビジネスの強みを生かし弱点を補いあえる仲間とデジタル技術を活かして資源を有機的に連携させることが求められているのです。

外部パートナーとクラウドで情報共有を始めた。作業進捗を共有したり、資料写真や動画などデータをやり取りしたり、まるで一つの会社であるかのように仕事ができるようになった。

外注先のスタッフに自社のシステムを直接利用してもらう。現場からの報告やスケジュールの一斉通知が可能となり、情報の伝達速度を高めてお互いの手間の削減につながった。

販売パートナー向けの Web サイトを用意。市況や商品の情報、営業ツールをいつでも活用できるようにして、販売活動を活性化。お客様の注文は自社が提供する Web サイトで直接受け付けられるようにすれば、販売パートナーの事務負担も削減できる。

肝心なことは、オンラインでつながり合うことで、自社とパートナーの競争力を一体的に伸ばすことです。

パートナーと一緒になって、エンドユーザーに商品を届けるサプライチェーンを改善できませんか。手続きを簡素化してお客様へのデリバリースピードを短くできませんか。情報や状況を常に共有できるようにすることで、ムリやムダ、ムラを取り除いて利益率をトータルで高めることはできませんか。

業務のやり方をあわせる、業務の重複を減らす、データを共有する、システムを共同で利用する、場合によっては、人材育成を共同で実施することも考えられるでしょう。デジタルを活かしてオンライン化を進めることで、これまでの組織の枠組みを超えた Co-Work（共働・協働）を行いやすくなった。

最終顧客の満足度や市場での競争優位性を高めていけるチャンスではないでしょうか。

パートナー共に競争力を高める

組織の境界線を越えて
スムーズにサービスを実現

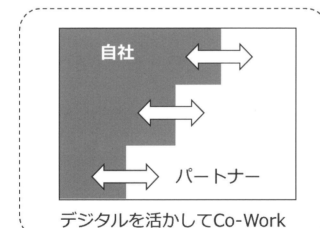

C．リスクに備える

習慣化の強化ポイント：コントロールの習慣

　デジタル技術で会社の外とつながることで、ビジネスチャンスが増える反面、脅威にもさらされます。今までは考えもしなかった新たなリスクと向き合うことにもなります。これは避けることのできない現実です。
　つながることによるリスクを想定し、リスクが顕在化したときに自社が主体的に行動し、ビジネスへの負の影響を最小限に抑えることができるよう、あらかじめ対策を講じておくことが大切です。

　まずは、やはり情報セキュリティ対策です。
　情報セキュリティ対策については、IPA（独立行政法人情報処理推進機構）が公開している「中小企業の情報セキュリティ対策ガイドライン」など、詳しい資料を参考にしていただきたいと思いますが、ここでは特に重要な点について触れておきます。

　最初は、外部からの攻撃への対応策です。
　これは、許可していない第三者の侵入を防ぐこととコンピュータウイルスへの感染を防ぐこと。この二点を徹底することに尽きます。
　前者はパスワードの利用やファイアーウォールの設置などが、後者はウイルスチェックソフトや基本ソフト（OS）を最新状態にアップデートすると同時に、詐欺メールやショートメッセージの添付ファイルやリンクを不用意にクリックしないことが基本対策です。
　なお、システムのアップデートに伴い、業務システムが利用できなく

なってしまうようなケースがあります。残念ながらこれは完全に解消するのは難しい根の深い問題です。こういったケースでは、システムのアップデートをせず、外部接続されたネットワークから切り離してそのまま業務システムを運用継続するなど次善の策の検討も必要になります。

　次に、内部からの情報漏洩への対応策。

　まずは、会社にとって重要なデータがどこに保存されているかを把握することが最初の一歩です。重要なデータとは、それが紛失したり第三者の手に渡ってしまうと事業の存続に大きく影響するデータのことで、個人情報、スタッフのマイナンバーデータ、業務上の機密情報などです。

　これらには、可能な限りアクセス制限をかけます。特定の人しかアクセスできないフォルダに保存したり、パスワードをかけたり、外部メモリーに保存して金庫に保存するなどの対策です。わざわざこうした“特別な対応”をすることで、情報の取扱いに注意を払うようになり、漏洩を予防する抑止力となります。

　利用しているクラウドサービスやモバイルアプリの情報の公開範囲の設定を確認することも大切です。これは度々ニュースでも話題になっています。設定を誤ってしまい、第三者が情報にアクセスできる状態になっていた、という件です。特に会社の“重要データ”を取り扱う場合には、設定のチェックは欠かせません。

　防災の日ではないですが、情報セキュリティについては、最低でも年に一回、スタッフ教育を兼ねて、定期的に状況をチェックすることは地味ですがとても大切な習慣です。

　コンピュータウイルスへの備えや、会社にとっての重要データの取扱いなどは、繰り返し重要性を伝えることで、“慣れ”による不用意な事故

を防ぐことにつながります。また、緊急時の対応、復旧や再発防止のための事後対策、手順や体制について、社内や関係者間で共有をしておくと慌てずに対応することができるでしょう。

　第三に、パートナー側にも同様の情報セキュリティ対策を求めることが必要です。

　特に、デジタルを活用して相互連携が強くなり、協業度が高まれば高まるほど、コンピュータウイルスへの感染や不正アクセス、情報漏洩の影響を相互に受けることになります。信頼関係を維持するためにも、リスク対策は個々の事業者の責務としてしっかり行いましょう。

　しかし、そういった対策を行っても起きてしまうのが情報セキュリティ事故です。

　身代金要求型ウイルスと呼ばれるランサムウェアに感染してしまえば、パソコンが乗っ取られた状態になりますので、データはあきらめて初期化せざるを得ません。つまり、リスクへの備えとしてあらかじめバックアップを取得しておくことがいかに重要かということです。

　パソコンだってスマートフォンだって、いつなんどき"フリーズ（固まる）"してしまうかわかりません。フォルダごとクラウドに預けられるサービスの利用も含めて、データを失わないための対策は必ず取り組みたい点です。

　次は、事業リスクへの対策です。

　外部へ情報システムを提供したりオンラインサービスを提供するような場合は、利用規約を整えて、サービス内容や範囲、利用上のルール、運用時間帯や制約条件などを明確にしておくことが提供者の責務として必要です。トラブル防止につながり、トラブル発生時の対応が混乱する

ことを防ぐことができます。

　自社から情報提供を行うサービスを実施する場合には、その情報が正確であることを担保できる運用手順や態勢を整えることも必要です。不正確な情報により他社が損害を受ける可能性もゼロではありません。まずは正確な情報を発信できるようにするとともに、おかしな情報を自社で早期検知できる方策を検討しましょう。

　パートナーと協業を深く進めている場合には、一方に事業継続上の問題が生じた場合に、他方にも大きく影響することになります。災害や事故などで商品供給が滞ってしまえば、自社としても事業を一旦停止せざるを得ない可能性もあります。

　協業の契約において双方の責任範囲を確認しておくことと共に、万が一の事態に、自社としてどういう選択肢を取り得るのかを検討しておきましょう。現実にどこまでのリスクが生じるのか、それを踏まえて事業は停止するのか撤退するのか、代替策を実施するのかなど、答えは出ずとも、思考のシミュレーションは最低でもしておくことが落ち着いて対処するために大切です。

　デジタルを活かしてお客様と、取引先とより強くつながるようになればなるほど、そのつながりを棄損するようなアクシデントが起きた際に事業に大きな影響が及びます。

　このような問題は自社に閉じた世界でも起きるわけで、社外とつながる世界ではその発生確率が高まることもやむを得ません。

　問題が起きないようにベストを尽くしつつ、問題が起きた場合に、制御ができない状況に陥らないよう、やみくもにつながりを拡げていくのではなく、リスクを理解して、最悪のケースでもコンロトールできる範囲にとどめておくこともまた、重要なポイントと考えています。

基本的な情報セキュリティ対策

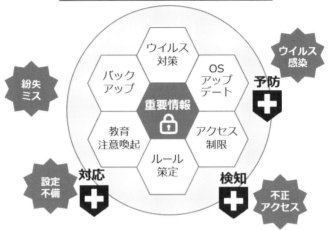

事業リスクへの対策

オンラインサービス提供者の責務

協業における事業継続の態勢

リスクの顕在化・トラブルの発生に備える

ビジネスへの負の影響を最小限に抑える

D．変化していくデジタル社会に適合し続けていく

習慣化の強化ポイント：チャレンジの習慣

　情報通信技術やデジタル機器はこれからも進化を続けます。社会とのつながりを構築するということは、すなわち、日々変化していくデジタル社会に適合し続けていくことに他なりません。

　ソーシャルメディアもまた５年もすれば新たなものが登場するでしょう。スマートデバイスも、眼鏡型や腕時計型などより小型軽量のものが登場するでしょう。モノの流れや人の流れを大きく変えるようなデジタルサービスが提供される可能性だってあります。AI が AI とは呼ばれることなく日常生活に入り込んで生活を便利にしたり、社会にあるさまざまなモノが情報化されて連動するスマートシティ・スマートライフが現実化しているかもしれません。夜間物流が完全自動運転化されたり、街中を小さなロボットがそこかしこに動き回って荷物を運んだり泥棒を監視したり高齢者の移動の支援をしているかもしれません。

　社会の一員である企業もこの変化と無関係ではいられません。社会全体の変化を横目で見つつ、目の前のお客様の期待値の変化を敏感に感じ取って会社をアジャストしていく挑戦の時代です。

　この変化は、一人ひとりの個人から始まり、次第に企業含めた社会全体に浸透していくことでしょう。会社での利用と違い、個人での利用は、自由気ままで、誰からも強制されることがありませんから、その活用方法は千差万別となります。デジタル好きな人もいればそうではない人もいる。それぞれの塩梅でデジタルと付き合う社会が形成されます。

世代によって、ライフスタイルによって、好みによって使い慣れたデジタルツールはさまざまとなる。デジタルへの向き合いかたもさまざまとなる。デジタルに対峙する常識や「当たり前」という感覚が一人ひとりで大きく異なる社会がやってきます。

　すでに、パソコンやスマートフォンに対する慣れや苦手意識は、世代間でも、個人間でも異なりますが、その差がさらに大きく多様になることでしょう。誰の価値観が正しいわけでもない。それぞれ違う時代を生きてきた。こういう「差」をまずは認識し、受け止めた上で、会社のデジタル化を行う際の軸足を定めましょう。

　コミュニケーションは電話じゃなきゃという人もいるし、メールじゃないとやりにくい人もいる、チャットが中心の方がよくない？という人もいる。スケジュール管理は手帳が絶対という人もいれば、スマホが圧倒的に便利という人もいる。デジタル技術にはそれぞれよい点がありますから、合目的的に選択をしていくことも一つの軸の定め方です。

　ある農業生産法人では、デジタルとアナログを用途に応じて柔軟に使い分けています。オンラインでつながる飲食店とはクラウドサービスで写真や動画を共有。農産物の認証取得に必要な記録はパソコンで集約管理。マルシェなどで直販する際はタブレット POS レジを活用しています。一方、日々の生育管理は、各自に手帳を配って手書きでメモしてもらい、それを朝礼で口頭で共有。"観察する"という農業者によって大切なスキルを伸ばすためにあえてそういう選択をしています。

　社外とつながることで、会社の中には新たな「風」が入ってきます。

　オンライン接客など新しい挑戦に取り組む中で、社内独自の手続きに古さを感じたり、ルールの見直しを迫られたりすることもあるでしょう。新しいシステムを活用すれば、以前から使っているシステムとの連携不

足や二重入力が課題になったりもするでしょう。スタイルの異なるパートナー企業と仕事を共にすることで、よい変化がスタッフにもたらせるかもしれません。

　ネットショップの販売データと既存ビジネスの受発注データを連動させて一体的にオペレーションできるようにする。人事制度や職務規定も見直して、職場の風土の変革にも取り組む。そういう「風」を事業をレベルアップするきっかけにしましょう。

　社会とのつながりを構築するということは、組織の在り様を変化させていく挑戦でもあります。

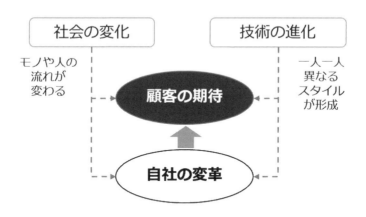

「当たり前」が大きく異なる社会

自社ならではのデジタル化の軸足を定め
組織の在り様を変化させていく挑戦

（2）むしろアナログ力がものを言う

　デジタルを活かして社外との関係をつくる。業界や組織の壁を越えてあたらしい関係を構築する。これ、口で言うほど簡単なことではありませんよね。

　お客様に便利を提供しようと言っても、何が便利なのか誰かが教えてくれるわけではありませんから、実際にお客様に仮説を伝えて反応をみることが必要。パートナーを作ろうと言っても、きっかけも何もない中でいきなり話題を持って行って関係を構築するのはなかなか難しい。

　手がかりが必要なんです。ちょっとしたきっかけ、お客様からの何気ない問合せ、パートナーからの一言、そういった小さな"縁"を育てていくことが最初の一歩となります。

　そのためには、縁と出会えるチャンスを増やすことがまずは重要。外に出て情報を仕入れる。お客様の変化、需要の変化、競争相手の変化。新たな事業機会、新しいチャレンジ、一緒に取り組める仲間、手を組めるパートナー。それらはみんな社外にあります。

　そして、手にした縁を育ててみる。目標や目的を共有できるか。アプローチの選択肢がお互い理解しあえるか。途中でイメージが違うとわかることもあるでしょう。でも、それは歩みを進めたから見えてきたこと。一つひとつに可能性を見出して温めてみる。小さなトライをしてみる。そういう中で発見があるのだと思います。

　スタッフとの縁も重要です。

　社外と関係を深めたい。自社も SNS をやろう。じゃあ、山田さん、担当ね。あとはヨロシク。

　これではなかなか厳しい。

114

　世の中すべての人が Facebook や Twitter や Instagram をしているのではないのと同じように、SNS で情報発信するといっても苦手意識しかないスタッフもいるでしょう。得意な人、好きな人は、お題さえ与えれば自分であれこれと創意工夫して進めるものですが、そういう人ばかりではありません。

　社外との関係構築にあたっては、いわゆる「中の人」の存在がかなり重要なウェイトを占めます。

　飽きずに情報発信できる。自社の魅力を信じている。お客様の期待を常に聞こうとしている。そういうタイプのスタッフがいるなら迷わず取り組みましょう。

　そうではないなら、無理矢理に誰かにアサインしても、こればっかりは仕事だからとできるものではありません。好きこそものの上手なれ。やりながらスキルアップしていく、社外との良好な関係の組み立て方を学んでいく、そういう仕事が得意な人と出会えるまで待つしかない。SNSだけが社外との関係構築ではありませんから、いまのメンバーで取組めるところから進めていく。これも、縁をベースにした現実解です。

　デジタルを活かして社外との関係を拡げ、深めるためには、理論や理屈ではなく、実はアナログな、人と人とのご縁を育てていく力がとてもとても大切なのだと考えています。

デジタル力

デジタルを活かして
あたらしい関係を創る力

アナログ力

人と人との縁を
育てていく力

3．情報で事業の回転数を高める

< SCENE 3 >

　ある日の午後、和久井部長と社長が最近導入したシステムについて話を始めました。

　和久井部長）「社長、3か月ほど前に導入した在庫管理システム。社内でとても好評です」

　社長）「それは良かった、具体的にどの辺りが良かったのかな」

　和久井部長）「発注入力が現場でできること、在庫引き当てが自動になったことですね。追加補充作業で慌てず、余分な仕入れ発注が無くなり在庫を減らせました。調達がスムーズだと工期に余裕が出てきますよね。早く帰れる様になり、みんな喜んでいます」

　社長）「ということは、利益率も良くなりそうだなぁ～。早速、公共事業部門の現場別利益を確認したいけど、いつものように来月まで待たないと出ない？」

　和久井部長）「いえ、社長。在庫管理システムから現場別の在庫コストがすぐに出せるようになりましたので、工事管理システムの受注額とあわせて数日あれば作れます。」

　社長）「おお、いいね。今までは現場別の原価を出すのに経理で四苦八苦してたもんね。」

　和久井部長）「はい、Excel のデータを集めて整形するのに時間がかかってました。今は、現場別のデータはすでにあるので、手作業でデータを連結させてグラフを作れば OK です。」

　社長）「そうかあ、だったらグラフまで自動的に作れるようにしてもいいね。いつでも確認できると対策も早くできるし。」

　和久井部長）「システムが入ると連鎖的に仕事がレベルアップしていきますね。現場でも月に一度はカイゼン検討会をやろうという話が出てます。」

　和久井部長が導入に奮闘した在庫管理システムは大活躍のようです。発注や在庫引き当ての仕事が効率化されて、社員の労働環境も良くなっています。工期にも余裕をもって工事に取り組めているようです。

　そればかりでなく、在庫削減、現場別利益の把握、そして、カイゼン活動、と、在庫管理システムの導入を皮切りに連鎖的に競争力を高める取り組みにつながっています。

　つくばガーデングリーン社のようにデジタルを業務に活用することで、業務が省力化・自動化されるだけでなく、業務で生み出された情報がデジタルデータとして記録・蓄積されるようになります。そのデータを現場別利益の把握などの経営改善に役立てることで会社をレベルアップできるのがデジタル化の利点です。

　さらに、社長が言うように、現場別利益のグラフをいつでも確認したいときにすぐに確認できるようにすれば経営改善の打ち手をより素早くできます。現場に生まれた余力でカイゼン活動に取り組めば、より生産性の高い現場を実現できるでしょう。

　省力化・自動化のためだけにデジタルを活用するのではもったいない。そこで生み出される自社の現実を忠実に映し出してくれるデータを活かす、捻出できた時間を活かす。デジタル投資を会社の成長につなげる取り組みについて考えていきましょう。

（1）仕事の一回転を速く、少ない人数で、高品質に

　OA（オフィスオートメーション）と言われていた時代から、情報システムの活用といえば、会計管理システムや顧客管理システム、生産管理システムや工程進捗管理システムなど、さまざまな「管理システム」を指すことが一般的でした。

　いずれも、データを正確に記録し、集計し、可視化することで、仕事の精度を高め、スピードアップすることを目指すもの。

　大企業や自治体に限らず多くの中小ビジネスも、大なり小なりこういった管理システムを活用してきました。

　事業活動は循環活動です。自らが持っている経営資源を使って顧客へのサービスや製品を生み出し、価値を提供し、その対価が利益として還元され、それを元手にさらに多くの価値を生み出していきます。

　そしてその循環は、一つひとつの仕事の循環から構成されています。

　一つの作業から大きなプロジェクトまで、規模は違えど時計のように一回転すれば一つの仕事が完成し、また次の仕事が始まります。

　毎朝30分かけている機械の整備点検業務。
　開店から閉店までの一日の営業。
　依頼を受けてからチラシデザインを制作して納める数日の仕事。
　商談から工事、引き渡しまで数か月の仕事。

　一回転にかかる時間は仕事によってマチマチですが、すべての仕事は、一回転するたびに会社に価値をもたらします。

　この一回転を、より速く、より少ない人数で、より高い品質で回すこ

とができれば業績は向上します。私たちは、この回転の質を高め、回転の数を高めるために「管理システム」を活用しているのです。

＜仕事の一回転を速く、少ない人数で、高品質に＞

　機械の整備点検結果をシステムに入力するようにします。その際、点検上の注意点も自動的に表示できれば、点検スキルの底上げにつながります。点検結果が過去の平均と乖離していたらアラートを出せば、異常に気付きやすくなります。回転の質が向上します。

　店舗営業にタブレット POS レジと販売管理システムを導入すれば、毎日の営業終了後のレジ締め作業がグンとラクになり、商品別の販売データも詳細に把握でき、より魅力ある商品を提供できるようになるでしょう。

　飲食店において、顧客が自ら注文できるセルフオーダーシステムを導入すれば、店員が来るのを待たずともオーダーができ、内容が厨房に間違いなく届きます。回転スピードを上げ、少ない人数で業務を進められます。また、会計時にレジ打ちが不要になり、会計スピードも速まります。

　見積書から請求書作成、請求書送付、入金確認までをソフトで自動化してくれれば、デザイナーはチラシデザインの制作に時間を集中することができます。

　長い工期の仕事でも、工程進捗を正確に把握して、一つひとつの資材

の発注や人員手配を自動化して必要な時に必要なだけ確保できれば、工期遅れを予防できるし、原価率も抑えることができます。

　デジタル技術を活用することで、ノートやホワイトボードを使ったアナログでの管理と比べて、情報を短時間に集計でき、すぐに関係者と共有することができます。正確な最新の情報で素早く判断できるため、仕事におけるミスや間違いを減らして、手戻りや二度手間が削減できます。空いた時間を業務の改善やレベルアップに振り向けることで、サービスの品質向上にもつながります。

　ここでは、このような多くの中小ビジネスも取り組んでいるデジタルの活かし方を「回転数を高める」と定義し、さらに強化していくための4つのポイントを解説します。

情報で事業の回転数を高める

取り組みたかった事
（課題）

- 生産性向上
- 業務時間の短縮
- 残業時間削減
- 業務改善
- ムラムリムダの削減

デジタルをどのように
経営に活かそうとしたか

情報で
事業の回転数
を高めよう

- 省力化・自動化・管理水準Up
- データを活かせる環境整備
- 事業にデータを役立てる
- 知恵と情報を集める

デジタルの活用

- 業務管理システム
- ドローン
- センサー
- 遠隔制御
- 自動化・ロボット
- データの記録・蓄積
- データ分析システム

Ａ．省力化と自動化による管理水準のレベルアップ

整備の強化ポイント：管理水準を高める整備

　事業の回転数を高めるために強化したい１つ目のポイントは、省力化と自動化による管理水準のレベルアップです。

　例えば小売業。
　商品の売れ行き動向を見て売れ筋製品をつかんで仕入れれば、顧客に喜ばれ売上も確保できる。
　値札の半券を保存し、後で Excel などに入力して集計することは可能だが、人手（時間）がかかる。商品にバーコードを付け、会計時に POS システムでバーコードを読み、売れた品を自動的に記録すれば、記録作業を省力化できる。さらに、システムに集計機能があれば、売れ行きを簡単に分析でき、より売れそうな品を早く仕入れることができる。

　例えば農業。
　米作りではこまめな水管理が欠かせず、毎日朝早くから田んぼを回って水量を調整しながら稲の生育を観察している。複数の田んぼがあれば、見回りだけで時間をとられてしまう。管理する田んぼの枚数が増えるにつれ、水を出しっ放しにしてしまったり、閉め忘れたりのミスも起きる。
　そこでセンサで水位を自動計測し、調整が必要なときに教えてくれる IoT システムを導入し、水量の調整が必要な田んぼだけに行けばすむようになった。米の品質が高まり、見回りに使っていた時間を活用してトマトの栽培を行い、売上を増やせた。

126

　「えっ、そんなことできるの」というような、省力化と自動化が可能なさまざまなツールが日進月歩で「目の前にあるデジタル」として登場しています。

　RPA では、単調な繰り返し作業、例えば、いくつものホームページを定期的にチェックして数字を拾ってくる作業や、FAX で届いた申込用紙を OCR で読み取ってコンピュータに入力する作業などを、人間に代わってコンピュータ内のロボットが、不平不満を言わずに淡々とこなしてくれます。

　建設業では人間の代わりにドローンで空中から三次元測量を行い、そのデータをそのまま建設機械に投入することで大幅な省力化とスピードアップを実現していますし、物流業では倉庫で荷物運搬やピッキング・仕分けなどを行う倉庫ロボットや無人台車が登場しています。

　クラウド会計と呼ばれるシステムでは、銀行口座やクレジットカード引き落としの明細を自動的に仕訳データとして取り込むことで、仕訳入力が不要となり、正確なお金の動きを把握しやすくなっています。

　スタッフの勤務希望を自動集計してシフト計画を自動作成し、さらにそれをスタッフに自動通知するようなツールもあります。連絡ミスや連絡忘れ、通知すべきシフトの誤りなどを防ぐことができます。

　人手を介すことなく Web 上で 24 時間の応答サービスが提供できたり、瞬時に見積・注文・決済まで完了させることも夢物語ではありません。

他にも、輸出関連の物流業、業務用食品の製造業、内装工事専門の建設業、戸建て住宅建設業など、特定の業態のために用意された業務管理システムも提供されるようになり、まさに、痒い所に手が届く機能が装備されています。

　こういった「目の前にあるデジタル」を活かして事務作業を効率化しつつ、今までよりも少ない時間で同じ業務ができれば、品質やサービスレベルの向上など、仕事の管理水準を一段階レベルアップすることができます。

① サイクルの短縮化
　いままで 10 日かかっていた売上集計作業を 1 日で終えることができれば、その分、機会損失を防いで利益改善につなげるチャンスを増やせます。現場からの進捗状況の報告がリアルタイムで送られてくれば、改善の指示や対策の実施をタイムリーに行うことで、進捗の遅れを防止したり、サービス品質を高めることができます。

② 判断の精緻化
　商品別にしか把握できなかった売上を、時間帯別や顧客層別に確認できるようになれば、商品の仕入れや陳列、POP の改善に役立てることができます。製造時間や作業時間を、担当者別、工程別に把握できれば、業務改善の糸口を見つけやすくなります。

③ 非定型業務への時間投入
　省力化・自動化で時間を捻出できれば、今まで業務に追われて手をつけられなかった仕事に振り向けることができます。例えば、5S などの現

128

場改善活動や、新規商品の開発、業務手順の見直し、マニュアルの整備や研修会の開催、スタッフとの対話、など、新たな取り組みができます。

　ただし、職場のすべての業務の省力化とスピードアップを図るべきかというとそうではありません。コンピュータは高速処理ができる便利な機械ですが、その一方で、言われたこと（プログラムに書かれていること）しかできない機械でもあります。あらかじめ記述できるルールがあれば自動化できますが、人が臨機応変に対応しているようなものは自動化できません。

　決められた通りの手順で淡々と仕事を進めるコンピュータは、人の作為やヒューマンエラーが入り込む余地を減らせるため、業務の品質を一定に保つことが容易です。

　先ほどの経理の仕訳入力や人事の給与計算などは、ルールが決まっている定型業務。毎日水田の水位を確認するのもルーティーンワーク。人手でやっていた「やり方が決まっている仕事」をデジタルや機械に置き換えることで、担当者の作業時間を減らすことができ、その時間を人間にしかできない観察や思考などのクリエイティブな仕事に充てることができます。

　現場からは「大変だ」という声はなかなか上がってこないものです。多少の不便や手間、非効率があっても、「仕方ない」「頑張ろう」そうやって日々の現場が回っているのだと思います。でも、心の中には、もっと省力化したいし、判断のスピードや仕事の精度を高めたいという思いはあるはずです。

　「もしかしたら、デジタルを活かせるもっとよい方法があるのではないか」。少しだけ欲張って、そんな問いを発していきましょう。頑張ることで成長を止めないようにしましょう。今の業務を省力化・自動化し

てくれるデジタルがあるなら、自分が頑張ればいいんだと我慢せず、あるいは慣れた仕事の仕方がラクだとカイゼンに目をつぶるのではなく、お客様により高い生産性（＝産出した付加価値÷投入した資源）でサービス・製品を提供できるよう、一歩を踏み出しましょう。

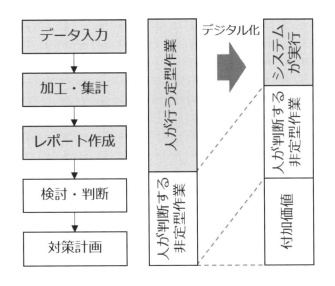

業務の省力化→業務の品質アップ

人の負荷が下がり、業務のスピードが上がる

より付加価値の高い業務に時間を割ける

Ｂ．データを仕事に活かせる環境の整備

整備の強化ポイント：データ活用環境の整備

　事業の回転数を高めるために強化したいポイントの 2 つ目は、業務システムなどに記録されたデータを仕事に活かせる環境の整備です。

　まずは、業務システムなどに記録されたデータを取り出せること。
　業務システムに接続して直接データを連携するか、CSV とよばれる形式でダウンロードができれば、パソコンの表計算ソフトなどで取り扱えます。業務システムによっては、ダウンロードできるデータの種類が限定されている、あるいは、一切できない、というケースもありますので、システム導入時に十分にチェックしておきましょう。
　また、システム画面上の「ダウンロード」ボタンをクリックして取得するのか、あるいは、システムが自動的にデータを特定のフォルダに保存するような方式なのか、データの取得方法も確認しておきましょう。場合によっては、IT ベンダーに依頼して機能を追加してもらう必要が出てくる場合もあります。

　なお、データをダウンロードして分析しなくても、リスクや異常の発生を検知して通知してくれるシステムもあります。設備の故障を検知したり、計測した値が閾値を超えたらアラートを発するような仕組みは、受動的に情報を受け取れるため、緊急通報などに向いています。

　次に、取り出したデータを分析して事象の原因や背景を見つけ出せる

環境を整えましょう。データの分析とは、分けること、そして、分けたものを比較することです。

　例えば、売上額の年度目標や前年との比較などは通常行っているものと思います。ここでさらに、週ごとの比較や、商品カテゴリ別、顧客別、地域別、販売ルート別など、数値を分けて推移を見たり前年と比べたり、さまざまな比較をすることで特徴が見えてきます。なぜその違いが生じたのか、その理由、意味を探求する材料になります。

　そのためには、元の情報をさまざまな切り口で「分割できる」ことがとても重要です。データ分析の用語でいえば「ドリルダウン」や「スライス＆ダイス」。属性やカテゴリを付加しやすくしておくと、簡単にデータを分割して比較検討しやすくなります。

　例えば、自社で多数取り扱っている商品の中から、最近話題の「SDGs（Sustainable Development Goals（持続可能な開発目標））」に関係する商品だけを抽出して売れ行きを分析をしたいとしましょう。

　とはいえ、販売実績データに「SDGs」という分類がもともと含まれていなければ、実績データだけではどれが関係する商品かを見分けるのは困難。動き続けるビジネスの中で浮上するキーワードは事前に想定できるものばかりではありません。このような場合には、SDGs に関係する商品の商品コードだけを一覧化した分類用のデータを別に作成し、それを実績データに付加して分析を行います。

　日常的にデータを分析している方にとっては一般的なことですが、こういうひと手間が効果的なデータ分析のコツです。

　販売管理システムにある「商品分類」という項目で売上額を集計したところ、「その他」分類の売上額が大半を占める結果に・・。これでは実態が見えてきません。

　こういうことは現実によくあることです。システム導入時にはすべての商品をきちんと分類できていても、日々動く事業の中で商品や分類が増えるにつれて、分類に迷うことが多くなり、とりあえず「その他」として登録された商品が増えていく。

　データ活用環境の整備に魔法の一手はありません。地道にコツコツとデータを活かせるように分類できる環境を整えていくことが大切です。

　分析のためのソフトウェアは、長い間、表計算ソフトが大活躍していますが、依然としてファーストチョイスです。データ量や機能面の制約も実用上は問題ないレベル。使い方を学べる情報も豊富にある。それでいて使い慣れているとあれば、それを使わない理由はありません。

　ただ、会社で利用するシステムの数が少しずつ増え、複数のシステムからデータを集約して、形式を整えて、分類情報を付加して・・という分析作業をいつも行うのであれば、そういった手順を自動化できるデータ分析用のソフトウェアも有力候補として検討しましょう。

　自動車の運転席にあるダッシュボードは、安全運転に不可欠な情報を厳選していつでもすぐに視認できるように表示していますが、デジタル経営においても同様の考え方の“ダッシュボード”が必要です。

　歩いている時は自分の感覚を頼りに進むことができますが、自動車を運転するとき、あるいは、飛行機を操縦するときは、何キロで走っているのか、燃料はあとどのくらいか、エンジンの調子は問題ないか、こういったことに気を配らないと、ちょっとした見過ごしやミスで大きな事故につながります。

　会社も同様です。現場が疲弊していないか、サービスの品質が落ちていないか、不良品の発生率が上がっていないかなど、勢いをつけて回転している状況を常に把握しながら操縦することが求められます。

ムリ・ムラ・ムダを包含したまま回転数を高めていくと、ムリ・ムラ・ムダが増幅されて品質や生産性に大きなロスをもたらします。事業の運転状況を常に把握できるように、定量的で正確なデータを迅速に取得し、可視化し、分析しやすい環境を整えましょう。

先に紹介したデータ分析用のソフトウェアは、手間をかけずにグラフ生成できるためダッシュボードとして活用するのに最適です。定点観測すべき KPI（重要業績評価指標）が決まっている現場では表計算ソフトの代わりに活用を検討してみてもよいと思います。

なお、自動車と経営のダッシュボードに一つ違いがあるとすれば、経営では過去からのトレンドの変化を定点観測し、時系列で視認できるようにすることがとても重要です。時間軸で推移を確認することで社内外の環境変化に気づきやすくなり、素早く手を打つことが可能になります。

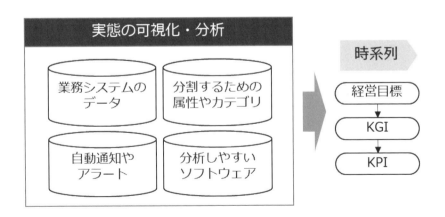

仕事を評価できるデータを集めて可視化する

実態の可視化・分析

業務システムのデータ

分割するための属性やカテゴリ

自動通知やアラート

分析しやすいソフトウェア

時系列

経営目標

KGI

KPI

Ｃ．データから読み取った結果を事業に活かす

習慣化の強化ポイント：成長に活かす習慣

　データを分析しやすい形で収集できたら、事実を把握し、その意味や次にすべきことを読み取っていきます。

　データから読み取った結果を事業に活かす視点は３つあります。

① 顧客へ提供する商品・サービスに役立てる
　会社の価値をストレートに評価してくれるのはいつの時代も顧客です。顧客の評価を継続して取得することはとても重要です。
　商品やサービスの売れ筋データや顧客ごとの販売データ、アンケート調査データを使って、売れ行きの変化、ニーズの変化をつかみ、見直しや新規開発に役立てましょう。
　安定的に販売してきた主力商品だがここ１年くらいは少しずつ取引量が減っている、テコ入れが必要だ。店舗別の売上を分析してみると、あの店舗だけ最近の人気商品が思うように売れていない、陳列をすぐに変えよう。
　データを分けて比べて違いや変化に気づき、具体的な打ち手につなげて業績を向上させましょう。

② 業務プロセスの改善に役立てる
　あなたの会社では業務プロセスの改善にデータを活用していますか？
　業務にかかった時間のデータや単位当たりの生産数量などを目標値に

照らして定量的に比較することで、どこにボトルネックがあるのか、次にどういう手を打つべきかを判断しやすくなります。

　特に、商品サービスの提供スピードや品質に直接影響する指標値については継続的にモニタリングすることが重要ですし、現場の担当者とも目標と現在地を共有することで、現場での小さな改善活動が生まれやすくなります。

　なお、業務の課題や改善の方向を探る際には、普段現場で仕事をしている担当者の気づきを引き出すようにしましょう。業務プロセスを見直す会議などアイディアを出し合う場を設定することはとても有効です。現場から得られた気づきをデータで検証して対策を練ることも習慣化したい点です。

③　スタッフの育成や環境改善に役立てる

　現場で働くスタッフが疲弊していたり、スキルが足りないままで仕事をしていたりすれば、業務のスピードや品質が落ちて顧客サービスが低下してしまいます。

　スタッフの満足度が下がっていないか、スキル不足を感じていないか。人時生産性、納期遵守率、品質目標達成率、ロス率、顧客満足度、残業時間、定着率、そして、スタッフ満足度といった点の定点観測も会社の回転数アップには不可欠です。

　課題は早めに検知して、業務手順の見直しや役割分担の整理、体制強化やスキルアップなどの対策に着実につなげましょう。

　スキルアップのための教育研修に際しては、「スキルマップ」や「社内検定制度」を整備して、目標を定量的に定めるようにすると、どんなスキルが、どれくらい足りないか、どれだけ伸ばせばよいか、が明確になり、努力を成果につなげやすくなります。

　毎月一回は必ず店長がデータ分析会議をするとか、毎週のデータを見て現場の課題を整理するミーティングを実施するとか、データを見て判断するクセを付けることが大切です。

　どんなベテランドライバーだって、一切ダッシュボードを見ずに運転することはありません。時々はメーターを見て走行速度を確認する、燃料が足りいているかチェックする。それと同じことです。

　可視化されたデータから意味を読み取って、改善の手を打つ。小さくてもいい、素早くサイクルを回していきましょう。

データから成長のヒントを見つける

成長のヒント

データ

成長させる取り組み

顧客サービス品質アップ

業務プロセスの改善

現場スタッフの育成・環境改善

取り組みの結果

成長のヒントを読み取り、改善するサイクルを小さく始める

事業の価値を高め、会社の成長につながる

Ｄ．アンテナを張り、地道にヒントを集める

習慣化の強化ポイント：知恵を集める習慣

　デジタルを取り入れるためには、そもそもどういうデジタル技術やサービスがあって、自社が選択できるのかを知っていることが前提となります。最先端の技術を勉強するというより、自社のビジネスに本当に役立つ情報を探したい。これが、事業の回転数を高めるために強化したい最後の点です。

　アンテナを張り、地道にヒントを集める習慣をつけましょう。「集める」手段にはどのようなものがあるでしょうか。

① ITベンダーから直接話を聞く

　ホームページやパンフレットといった広告媒体を見れば、その会社が提供するサービス・製品の機能や特長をつかむことができますが、自社に本当に役立つか、は、やはり直接話を聞くに限ります。

　展示会やセミナーに参加したら、ひと言講師に質問をしてみましょう。会場にいるスタッフに気軽に声をかけて質問してみるのも有効です。直接会話をすることで、どれだけ中小ビジネスの現場に向き合ってサービス・製品の開発・改良を行っているか、どれだけ自信を持って販売しているかを感じとることができるでしょう。

　そういった機会が身近になければ、電話をして相談してみましょう。ITベンダーによっては、中小ビジネス向けの販売・サポートの体制を用意していない場合もあります、それはそれぞれの企業の方針ですが、直接会話することでそういった点も確認できます。

　何を聞いたらよいかわからない、という方もいるかもしれません。そんな時は、「どんな会社が使っているのか」「どんな機能が評判なのか」を質問するとよいと思います。

② 実際の利用者の評判を聞く

　経営者仲間の集まりや社外の交流会、SNS などでよい評判を耳にするような製品は有力な候補になります。現場で役に立たなかった製品は他の人にオススメしないですから、"一次選考"を通過した製品と言えますね。実際に使わないと見えてこない点がありますから、利用者の生の声は積極的に集めたいところです。

③ 現場からのアイディア

　現場のスタッフが直面している課題の共有や改善のアイディアから発想すると、それを克服できる IT ツールを見つける糸口になります。間口を狭めず広くアイディアを集め続ければ、思いもよらなかった製品と出会えることもあるでしょう。アンテナを張り続け、常によりよい方法を探し続ける取り組みを続けましょう。

④ 今使っているシステムの機能の棚卸し

　すでに利用中のシステムでも、もしかしたらまだ使っていない機能があるかもしれません。そういった中に、ちょうど必要としていた機能が見つかる可能性もあります。

　顧客別の売上データを集計する IT ツールを探していたものの、実は利用中の会計システムで販売管理のオプションも購入しており、すぐに必要なデータを見ることができた、という例もありました。

　少額の追加費用でオプションを購入することで実現できることもあるかもしれませんので、取引している IT ベンダーさんともぜひ会話してみ

てください。

　このような「知恵を集める」習慣を持っていれば自社にフィットするデジタル技術に出会える確率が高まるはずです。

　これまでのデジタル化の方法論は、目的・仕事のやり方・要件を決めて、それに必要な機能をもつシステムを探して導入する、または機能を開発するということが主流でした。ニーズ主導ですね。
　しかし、デジタルの製品や事例が世の中に溢れるようになりました。デジタルでできることをヒントに、そこから自社にとっての価値の生み出し方を見つけることも可能です。こちらはシーズ主導です。さまざまなシーズから知恵を学び、ヒントを得て、自社が取り組みたい課題を見つめなおし、取り入れたいデジタルを見つけていきましょう。

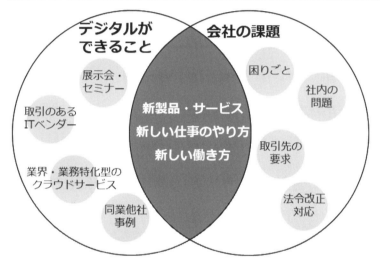

「できること」から新しいやり方を取り入れる

デジタルが
できること

会社の課題

展示会・
セミナー

困りごと

社内の
問題

取引のある
ITベンダー

新製品・サービス
新しい仕事のやり方
新しい働き方

取引先の
要求

業界・業務特化型の
クラウドサービス

同業他社
事例

法令改正
対応

社外から自社に適用できそうなヒントを探す

思いつかなかった新しいやり方を採り入れる

（２）満点を目指す必要なし

　IT 活用とかデジタル化が論じられる際に、「経験や勘に頼った仕事の
やり方はダメだ」と言われることがありますが、これ、「経験と勘」が
ダメなわけではなくて、「頼った」という部分が課題なのだと思います。
　商売において、経験と勘と度胸はこれまでもこれからも必要不可欠で
す。どこまで行っても商売は「選択」の連続。正解なんてない世界。選
んで進んだ道が険しかろうが歩みを進めるしかない。経験を積んで勘を
研ぎ澄ます。そして最後は度胸で決める。
　データは、その経験と勘と度胸を補ってくれる役割です。経験と勘と
度胸はどんどん積み重ね、磨いていく。その過程でデータも使う。判断
の一助になるし、研鑽の時間も短くできる。
　さまざまな制約の中で事業のかじ取りをしていく経営者には潤沢な時
間が与えられているわけではありません。課題は山ほどあれどすべてに
対処することは事実上不可能。だから、注力すべきポイント、大切にす
べき点を絞って経営されていることと思います。
　デジタルも同様です。あれもこれも満点を目指す必要はなく、自社に
必要な省力化と自動化を進める。手に入れたデータを行動に反映して現
実を好転させる。経験と勘と度胸を補いたいところで使えばいい。
　自動車のダッシュボードにメーターが何十個もついていたらそれを見
るだけで大変でとても運転なんてできるものではありません。日々の自
動車の運転でも、常にメーターを凝視しているわけではなく、必要な時
に必要な情報を得るようにしている。フォーカスを絞ってデジタルを活
かし、事業の循環を一つひとつ丁寧に回していっていただければと思い
ます。

4．情報の使い勝手を良くする

< SCENE 4 >

　和久井部長が帰宅しようとしたところ、若手社員の掛井君がぼやきながら、パソコンに向かっているのが目に止まりました。

　「掛井君、さぁ帰ろうよ。何、ブツブツ言いながらパソコンに向かっているの？何か問題でもあるのかな」

　「明後日報告する「現場別工事実績表」の集計をしているんですけど、なかなか数字が合わなくて・・。みんなが作成している報告書、現場名とか資材名が少しずづ違っていたり、使ってる単位もマチマチだったり、同じ工事なのにデータが複数あったりして、正しいデータを探したり、直すのに時間がかかってるんです・・」

　「そうなんだよなぁ、報告書は各自が忘れず Excel で作成してくれているんだけど、後からまとめて集計しようとすると書式が違うし手間がかかるんだよねぇ・・」

　「部長、この報告書を元に経費管理とか次の作業手配をしている神崎さんはすごいですよね、この状態でよく間違えませんね。裏ではけっこう時間かけて作業されてるんでしょうねぇ～。」

　「そうだね、少しづつ『やりずらさ』があるんだよね」

　「部長、せめてみんなが同じ場所に入力してくれていると楽になるんですが」

　「そうだよね、共通の仕組みを用意すれば便利になるよね。そういや、先日支給したスマホで、現場から直接実績を入力できればもっとラクになるし、資材名は選択肢から選べば書き方の違いが出ないよね。うちの会社でもそろそろ実現したいよね！」

< 　SCENE 解説　 >

　掛井君がぼやいていたように、本来同じであるはずの「現場名」が人によって書き方が少し違っていたり、必要なファイルが見つからずにフォルダを探し回ったり、といったIT特有のやりにくさを感じた経験は誰にでもあるのではないでしょうか。

　つくばガーデングリーンでも、現場から工事の状況は定期的にちゃんと報告されていました。ただ、Excelでの報告書の書き方が人によって違ってしまった。一人ひとりに悪気はなく、最初に決めたフォーマットを良かれと思って項目を増やしたり工夫したりした結果として情報が集計しにくくなった。情報はあるけど使い勝手が悪い状態になってしまったのです。

　情報は使われて価値を生みます。誰でも使いやすいように保存しておけば、他の人が素早く処理でき、正確な仕事や作業の効率化に直結しますが、逆に、一人ひとりが好きな形で情報を蓄積していると、集めても価値は生み出せませんし、価値を生み出そうとすると大変な労力がかかることになります。

　和久井部長が思い描いたように、現場からスマホを使って、なるべく文字入力を減らし、現場名や資材名を選択肢の中から選んで報告できるシステムがあれば、入力負担も減るし、集計作業もラクになるでしょう。また、工事の実績に関連する情報を一つのシステムで管理できれば、経費管理や資材手配に使っている神崎さんの業務効率アップにもつながるでしょう。

　和久井部長のように、「やりづらさ」に気づくこと、「スルー」しないことが何より大切です。情報の使い勝手が良くなるようにツールが使い方を変えていけば、無用な時間をかけずもっと働きやすい現場にできるのです。

　情報の使い勝手を良くするための環境整備と社内の習慣について考えていきましょう。

（１）現場で情報を使いやすくする

　デジタルを活かして、魅力を伝える、社外とつながる、回転数を高める、そのためには、運動における基礎体力と同様、現場で働くスタッフが、必要なときにすぐに仕事につかえるように、情報を扱う際の非効率やムダを減らして「情報の使い勝手」を良くしていくことが大切です。

・そのシステムは、現場が必要な時にすぐに簡単に使えますか？
・データは常に正確ですか？
・集計や分析に活用しやすく整理されていますか？

　顧客の情報を一元管理しようと全員から名刺を集めて作った顧客管理簿。顧客情報や商談履歴も記載しようと掛け声はよかったが、外出先からは参照できない。営業担当者は結局それぞれのノートパソコンにコピーを保存して顧客訪問することに。いくつもコピーができてそれぞれが自分に関する情報を入力するので一元管理は崩壊。会社としての統合的な管理はとん挫した。

　一生懸命に編纂した業務マニュアル。数 10 ページの大作になった。写真も入れてわかりやすいものができた。プリントアウトしてきれいにファイリングして現場に置くことに。しかし、現場の仕事は日々改善しているからマニュアルの内容は少しずつ古くなっていき、次第にファイルも隅の方に追いやられて誰も見なくなっていく。

　新たに導入した予約管理システム。予約の状況とお客様のカルテ情報も入力できるのでとても便利と導入したが、事務所に置いてあるパソコ

ン一台でしか利用できない。現場からわざわざ移動して使うのも面倒だから、事務所のスタッフがプリントアウトしてバックヤードの掲示板に張り出す仕事が発生・・・

　いろいろな角度で分析したりグラフィカルなグラフが作れたりするデータ分析システムを購入。早速使い始めようと社内のデータをあれこれ集めてインポートしようとしたが、データ項目はバラバラだし、集計単位も統一されていない、中には予測値と実績値が混ざったようなデータもあり、データを整えて投入するだけで大変な時間がかかることに気が付き、やむなくお蔵入り。

　情報はある。だけど使い勝手が悪い。そうなると、期待していた効果が出ないだけでなく、かえって手間が増えてしまったりします。
　使い勝手の悪い情報は次第に更新頻度が低下していき、少しずつ情報が古くなります。使い勝手が悪いと参照頻度も低下しますからデータの誤りやヌケモレがあっても気づきにくくなります。知らず知らずのうちに、古く間違った情報が蓄積されたままになってしまいます。情報の使い勝手を高めることは、データの正しさを維持する上でも大切です。
　デジタルを活かすための基礎体力向上として取り組みたいポイントを見ていきましょう。

情報の使い勝手を良くする

取り組みたかった事
（課題）

- 現場でもシステムやデータを利用できるようにする
- 外出先からもシステムやデータを利用できるようにする
- いつでも正確なデータをすぐに利用できるようにする

デジタルをどのように経営に活かそうとしたか

情報の使い勝手を良くしよう

- 情報にアクセスしやすくする
- 情報を一元的に管理する
- データの呼称や粒度をそろえる
- データを守る

デジタルの活用

- スマートフォン
- タブレット端末
- 無線LAN
- リモートアクセス
- モバイルアプリ
- バーコード/ICタグ
- クラウドアプリ
- マスタデータ
- 外部記憶媒体

A．現場が必要とするタイミングでアクセス

整備の強化ポイント：情報アクセスの整備

　情報の使い勝手をよくするために強化したいポイントの一つ目は、現場が必要とするタイミングで必要な情報に簡単にアクセスできるように環境を整えることです。スマートフォンとタブレット端末、そしてクラウドサービスの普及に伴い、中小ビジネスにも取り組みやすくなってきました。

　電源ケーブルが邪魔になるということでパソコンを持ち込めなかった製造業の現場では、随時更新される図面の最新版をタブレット端末で確認しながら仕事を進められるようになり、納期を短縮化し、原材料のロスを減らすことができました。

　訪問介護の現場では、紙のサービス提供記録に代えて、スマホアプリ上での簡便な操作で入力が可能になりました。訪問先の利用者宅に貼り付けた IC タグにスマホをタッチするだけで入退室も自動的に記録し、業務予定や連絡事項も手元でいつでも確認できるなど、業務の大幅な効率化が実現できました。

　タブレット端末を活用する美容室では、接客をしているその場でお客様のカルテ情報を簡単に確認できるため、個々のお客様にあわせた丁寧で柔軟な応対が可能となりました。会計もその場で可能となり、お客様をお待たせすることもなくなりました。

内装工事会社では、工事をしているその場で設計図面や注意事項を確認し、工事進捗にあわせて現場から資材発注も行えるようになり、施工ミスや手戻りを防いで工期の短縮を実現しています。

　「今、あの情報がほしい」と現場が感じる場面はさまざまな業種にあるはずです。そのニーズを一つひとつ叶えていきましょう。

　普段から使っている表計算ソフトのファイルやデータに現場から直接アクセスしたい場合は、社内 LAN に Wi-Fi のアクセスポイントを整備したり、外出先から社内 LAN にリモートアクセスできる機器を整備することになります。
　倉庫やバックヤードに Wi-Fi を整備すれば、パソコンを持ち込んでその場でデータチェックや更新を済ませてしまうこともできるでしょう。自宅から社内 LAN にアクセスできれば、いくつかの仕事をテレワークでこなせるようになるかもしれません。

　パソコンを拡げることができないような現場では、普段と同じファイルは扱いにくいかもしれません。現場から更新しやすく、誤ってデータを消してしまうことがないような方式が望ましく、スマートデバイスから利用できるクラウド型の業務システムへの移行は有力な選択肢です。

　クラウド型の業務システムの導入にあたっては、紙に記録していた情報をシステムに置き換える際に、情報をスムーズに入力できるか、間違った情報の更新が発生しえない工夫がされているか、といった点の確認を行いましょう。
　「メモ」のような自由記入欄があると、入力者は思ったことを自由に

入力するでしょうが、集計や分析をしたいのであれば、あらかじめシステム上で入力時に表記をそろえる工夫をしておきたい。

　・選択肢からの「選択入力」にする

　・例えば、半角数字しか記録できないように入力チェックをする

　・例えば、都道府県と市町村の入力フィールドを分けておく

　最近では「バーコード」「QRコード」など情報を簡単に読み取れる仕組み、「ICタグ」のように自動で読み取る技術もあります。近年精度が向上してきた音声入力なども、正確な情報入力を助けます。

　このように、入力回数を減らし正確さを保つ機能の有無を、現場からアクセスする業務システムを選択する際の評価ポイントとしましょう。

　現場から情報へアクセスしやすくなることで、防ぎやすくなるのが、システム上の数値と現物の数値の不一致です。

　データ上の在庫数と倉庫の在庫数が一致していないなどの現象が起きていないでしょうか。情報化されているのにデータが正しくはない、という状態。余計な確認作業や誤発注の原因になったりします。

　倉庫なら納品時にバックヤードにいながらスマートフォンで納品数を更新できる在庫管理システムを使う、店舗販売ならば販売時に自動的に在庫数量が更新されるPOSレジシステムを導入するなど、業務と情報をセットで処理できる環境整備をしていきましょう。

　業務の起点で生成された情報は、工程を進むごとに情報が付加されながら引き継がれていきます。

　例えば、見積もりから納品までの業務プロセスにおいては、お客様に見積書を提示するために情報を集めて決裁をもらい、発注を受けたら手配をする。この一連の流れでは、営業、経理、管理者、手配者などの間

を情報が流れ、商品名や単価、顧客名や住所といった情報は何度も必要になります。

　この情報の引継ぎをシステム内ですませ、再入力をなくすようにします。

　これも情報の使い勝手を良くするために取り組みたいポイントです。

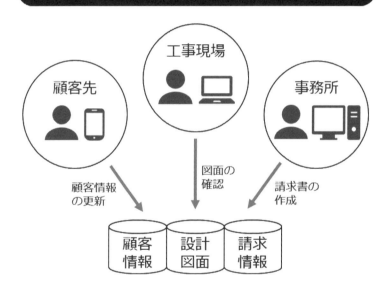

Ｂ．データは一元管理し、使い勝手を向上させる

整備の強化ポイント：一元管理環境の整備

　情報アクセスと同時に大切なのが情報の一元管理です。

　取扱商品の仕様が変わった。営業担当者に通知はしたが、商品数も多く仕様の変更頻度が高いこともあり、個々人で管理している手持ちのデータの更新が正しく行われない。古い仕様で契約してしまうなど混乱が生じている。

　情報へのアクセスのしやすさだけを考えれば、データはそれぞれの現場で持っていた方がいい。でも、似た情報を社内でバラバラに保管することになり、データの二重管理や集計の手間が発生します。どこにあるデータが正しいのか、正確性も低下するでしょう。

　そこで皆で使うデータは一元管理し、使い勝手を向上させます。

　一元管理とは、物理的に一箇所に集約する、という意味ではありません。

　現場ですぐに更新できるようにしておきたいとか、出先でも利用できるようにタブレット端末の中に保存しておきたい、業務ごとに別々のシステムを使っているなど、情報は分散された状態で利用されるのが現実です。

　別々に保管されていても、一部の情報が更新されたら関連する別の場所にある情報も連動して更新される状態、これが一元化です。スマホで馴染みがある言葉でいえば「同期」ですね。

本部の商品仕様データを更新したら、営業担当者の手元にあるデータも自動的に更新される。

　営業所で入力した経費精算のデータがクラウド会計に自動的に取り込まれて本社の経理ですぐに確認できる。

　在庫管理システムで在庫数量を更新したら、ネットショップで表示している在庫数も連動して更新される。

　一元管理の実現には、何を意識すればよいのでしょうか。
　まずは、業務と情報の関連を明らかにすることです。業務の流れに沿ってどの情報がどこで生まれ、どこで更新され、最終的にどの業務にたどり着くか。どれだけの業務で利用されているのか。
　情報の流れを明らかにした上で、最初に生成された情報を次の業務で更新する際に、同じ場所の情報を更新するのか、コピーされたものを更新するのか。あるいは、違うシステムにデータを渡して更新するか、一元化を実現するシステム上の整備方針を決めていきます。

　技術的にできることとできないことがありますから、必要に応じて ITベンダーや詳しい人に相談してみましょう。いきなり 100 点満点を目指さず、自社は特にどのデータは連動させたいのか、どの情報を常に最新にしておきたいのか。考え方や優先順位を整理しておくと話がスムーズに進むはずです。

　お客様から「住所を変更したのに元のままだ」など、一元化されていないことに起因して現場の業務に問題が顕在化しているような分野があ

れば、まずそこから取り組むのがよいと思います。

　ある住宅建築会社では、社長がコツコツとパソコンの中に蓄積してきた施主の情報や建物の情報、工事ごとの利益情報といった膨大なファイルを、クラウド型の顧客管理システムを軸に一元管理する体系に全面移行しました。

　必要なデータをすぐに探し出せるようになっただけでなく、顧客と工事の情報も連動し確認できるなど利便性が大幅に高まり、後継者への事業承継の大きなステップにもなったそうです。

　情報の一元管理を実現する際に意識したいのは「マスタ」の存在です。

　さまざまな業務で共通して使われる基本的な情報は「マスタ（マスタデータ）」と呼ばれます。顧客名や住所、商品名や原材料名、部署名や担当者名など、頻繁には変わらず、社内のさまざまな業務で利用される情報のことです。

　例えば、顧客の社名や住所は、営業担当は見積書に、出荷担当者は発送先の情報として、経理担当者は請求書の宛先として使います。顧客の住所情報を営業担当、出荷担当、経理担当それぞれが入力していては手間ですし、入力ミスや変更時の更新漏れが起こり得ます。

　マスタをつねに正しく最新になるよう管理します。

　ただし、誰もかれもが自分が管理しているデータこそが「マスタ」だと主張したら一元管理になりません。マスタを一つに決めて、常にそれを利用すること、守っていくことです。安易にコピーしたり、自分独自のバージョンを作ったりせずに、マスタを充実させる、育てていく考え方を徹底していきましょう。

　業務の流れに沿って情報が自然に更新できること、業務と情報が連動

して流れること、複数の業務で不便なくマスタを活用できることが効果を高めるコツです。

　これまでの業務の流れに拘泥することなく、情報の活用という視点から必要な IT ツールや情報の持ち方を考え、新しい道具に沿って業務の進め方や役割分担も見直していきましょう。

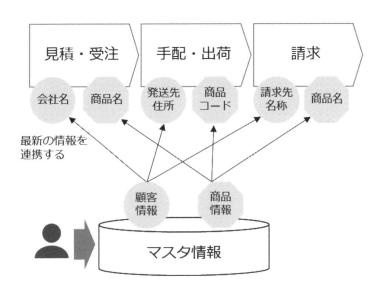

共通の情報は社内で1つ

関連する情報が自動的に連携して更新される

更新の手間・ミスが減り、情報の品質が確保される

Ｃ．データの呼称や粒度をそろえる

習慣化の強化ポイント：そろえる習慣

　情報の使い勝手を良くするためには、蓄積されるデータの呼称や型、データの粒度を統一する習慣が大切です。

　同じ商品の荷姿を「パック」と言ったり「セット」と言ったり「袋」「箱」「本」「個」など、担当者によって違う単位を使っていませんか？

　電話番号は「ハイフン」付きで管理していますか？ハイフンなしですか？どちらにするか決めていますか？（ハイフン付き：03-1234-5678、ハイフンなし：0312345678）

　社名には「株式会社」や「有限会社」をあわせて入力していますか？別フィールドに分けていますか？「株式会社」と社名の間に空白を入れるルールですか？「（株）」「(株)」「（株）」のように、カッコが全角だったり半角だったり混在していませんか？

　単位は統一していますか？「トン」「t」「キロ」「kg」

　情報は決められた型、構造化された状態で保管されることで活用しやすくなります。定量的に管理する場合には、数値をそろえて比較分析を容易にしましょう。表や文章を作成する時も、できるだけ入力ルールやフォーマットを決めてバラつきを防ぎましょう。

例えば、営業担当者が活動状況を報告する営業報告書。そこから受注見込みを抽出してデータとして集計したい場合、報告してもらいたいのは社数なのか金額なのか、金額の単位は円なのか千円なのか、そこに記載するルールを決めておかないと集計が面倒なことになります。

　数字の単位も日別なのか一週間の合計なのか、前回報告から今回までの差分なのか、その基準を決めておかないと、前回の報告との比較がしにくくなります。

　現場の人が集計に手間取っている原因が、月末にいつも残業してもらっているスタッフの残業の理由が、実は、こうしたちょっとした単位のバラツキだったり、呼称が統一されていないことだったりしませんか。

　現場で真面目に働いてくれるスタッフほど、データをそろえる手間があっても頑張ればこなせるし、わざわざ社長に言うまでもないしと、手間暇が表面化しにくいものです。

　でも、社長の一言で単位が統一されたら、それだけで残業時間がグンと減るかもしれません。

　チームで役割分担しながら情報を共有して動いていることを理解すれば、情報をそろえる意味も腹落ちします。また、蓄積された情報を活用して集計したり可視化したりして仕事の成果を振り返る習慣があれば、間違ったデータの混在が実害として表面化しますので、やり方を変えようという動機につながるでしょう。

　一つひとつはほんのちょっとしたバラツキです。見逃してしまいがち、目をつぶってしまいがち。でもそれが積もり積もって現場の重荷になる。バラツキを見つけたらその場でそろえることを習慣にしていきましょう。

　ある農産物の集荷、販売を担う会社では、紙ベースだった出荷伝票と

請求書の発行業務をシステム化する際、契約ごとにその場その場で決めていた数 10 パターンもの商品規格（商品名、梱包単位、入り数）を統一し、そのパターンを大幅に削減しました。

　それにより、出荷データを入力するシステムの画面に表示する選択肢が簡素化できただけでなく、出荷先との商談そのものがシンプルになり、何をいつどこに、の情報を正確にやり取りできるようになったことで、順調に出荷量が増える中でも、業務量は大きく増やすことなく対応することができました。

　デジタル活用は、業務をスリム化するきっかけにもできるのです。

データを比べられる型にして格納する

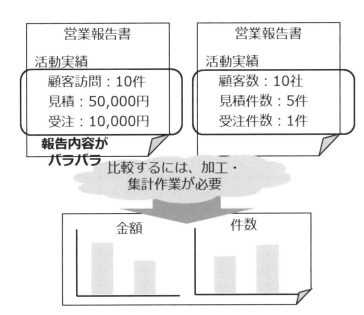

営業報告書

活動実績
顧客訪問：10件
見積：50,000円
受注：10,000円

報告内容がバラバラ

営業報告書

活動実績
顧客数：10社
見積件数：5件
受注件数：1件

比較するには、加工・集計作業が必要

金額　　　　件数

情報は定量的に、フォーマットや単位を共通化する

情報を加工・分析しやすく、意思決定の精度が上がる

D．資産としてのデータを守っていく

習慣化の強化ポイント：データ保全の習慣

　情報を活用していけばいくほど、会社の資産としてさまざまなデータを守っていく必要性が高まります。

　情報を保存している機器が故障することもあれば、サイバー攻撃や災害などですべて失ってしまうリスクがあることを忘れてはいけません。情報を上手に活用していればいるほど、消失したときの影響が大きく、停止する業務の範囲も広がります。

　情報をバックアップすることを習慣にしましょう。

＜バックアップの手段例＞
　・外部記憶媒体にデータをコピーしておく
　　（USB メモリー、外付け SSD など）
　・社内 LAN に NAS（Network Attached Storage、ナス）と呼ばれ
　　るハードディスクやサーバを接続して、データをコピーし
　　ておく、あるいは、日頃からデータはすべてそこに保存して
　　利用する
　・クラウド上のサーバを利用して、データをコピーしておく、
　　あるいは、日頃からデータはすべてそこに保存して利用する
　　（スマホ関連のサービスはほぼこのタイプ）

＜バックアップを取得するタイミング例＞
　・人が定期・不定期にコピーする

・定期的にシステムが自動的に取得する

・システムが常時取得する

　いざという時に、そのデータを戻して再利用する手順も確認しておきましょう。

　単純にファイルをコピーして戻せば済む場合もあれば、システムで何らかの処理をしないとデータが戻らない場合もあります。

　バックアップは、BCP（事業継続計画）の基本でもありますが、事が起きたのを前提に復旧へのシミュレーションをしておくことが大切です。

　パソコンが壊れるのも珍しい話ではありません。壊れたら、どこのデータを戻せばよいのか、再インストールするソフトは何で、どこにインストール用のデータがあるのか。壊れる前提で備えておけば、いざという時にあわてずに現状復帰できますね。

　クラウドサービスを利用している場合は、サービス事業者にて二重三重のデータ保全措置が取られているので比較的安全と言えますが、特に大切なデータは、定期的にデータをダウンロードしてバックアップしておくことをオススメします。

　多くのクラウドサービスは最新のデータセンターからサービスを提供していますから、24時間365日の保守監視体制がとられ、異常があれば機器を交換したり、安全に作業を行うための手順が確立されているため、データが紛失するようなことはほぼないと思われがちですが、100%ではありません。

　例えば性能向上のために新しいサーバに入れ替えるときに機器故障が発生するなどの不測の事故も起こり得ますし、手順通りに作業をしていたつもりも慣れから確認がおろそかになり作業ミスをしてしまうこともゼロではないでしょう。

164

　本社が火災に遭ってしまうなど、まさに万が一を想定し、バックアップを「別の場所」に分散して保存することも大切です。

　毎日当たり前に情報を使っていると忘れがちになりますが、防災の日などのタイミングを活かして、情報を守る対策を行いましょう。

　一元化された情報は、その情報が更新されれば、他の関連する情報も連動して更新されることになります。誤った情報を入力すれば、誤った情報が社内に広がることになります。

　特に影響が大きいマスタ情報などは更新できる人を限定するのが好ましい運用です。

　職務上の役割や権限に応じて、新規登録や更新、削除ができる人を決め、更新時に誤りがないかダブルチェックする手順を整えます。定期的な棚卸しまでルール化できるとさらに情報の健全性を高められます。

　また、情報の一元化は、共有が容易な反面、機密度の高い情報まで共有されてしまうこともあります。個人情報、人事情報や顧客の機密情報、知的財産などは、情報の閲覧の権限を特定の関係者に限定することで、情報を守るだけでなく、ビジネスそのものを守ることにつながります。

　正確で活用しやすい情報は効果的に二次利用できるため、事業の意思決定の精度を高めたり、新製品開発や顧客サービスの品質向上に活かすことができたりします。

　会社として大切な情報はどこにあって、どの情報を基に判断するのか。そういった情報の取り扱いについて何度も周知しコンセンサスを構築し、データの正確性を維持していきましょう。

正しい情報（＝資産）を維持し、保護する

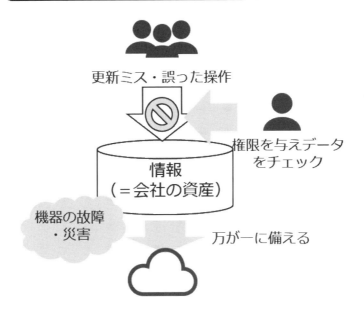

情報が正しく更新され、バックアップを確保する

正確な情報の維持し、失うリスクから守る

（２）ツールに上手く合わせる

　強化ポイントとしてご紹介した各点は、とても大切なことですが、一朝一夕にすべてを実現できるほど簡単なことでもありません。

　一つひとつはシンプルな考え方でも、リソースの限られた中小ビジネスですべてをやり切れるかと言われると不安を覚える方も多いでしょう。

　それらをゼロから自前で整備していく代わりに、出来合いのクラウドサービスやパッケージのシステムを取り入れるのは有効な現実解です。

　クラウドサービスやパッケージソフトの中には、特定の業界に特化した機能を提供するものや、特定の業務に合わせた機能を提供するものがあります。

　宿泊業に特化した顧客管理の機能を提供しているシステムには、充実した予約管理機能がそろっていたり、お客様の詳細なプロフィール情報を一元管理できたり、室内清掃の進捗共有ができたりと、予約受付から業務管理まで各種の機能が揃っています。

　経理や給与計算など、基幹業務のシステムでは、関連する法令改定に合わせて機能が自動的に更新されますので、自社で税率や保険料率を確認したり修正したりすることなく正しい情報での計算が可能になります。

　現場で揉まれてきた結果として充実してきたような製品を上手く選択すれば、必要な情報項目、必要な機能を持つ IT ツールを用いることで、情報の使い勝手を一定水準に一気に高めることが可能です。いわば、品質と時間を買うのです。

この場合、細かなところで自社の業務手順や業務ルールとあわない点が必ず出てきます。ここが選択のしどころです。

　自社の競争力に直結する部分での妥協は慎重に行う必要がありますが、自社の強みやお客様からの評判に直接影響しない部分であれば、むしろ積極的にシステムにあわせて仕事の手順やルールを見直してみてはいかがでしょうか。

5．情報で現場を滑らかにする

< SCENE 5 >

　とある雨の日、専務が立ち上げ中の個人宅向けエクステリア・外構工事のお客様より入電。

　「３年位前に施工してもらった郵便受けの中が水浸しとなり、新聞や郵便物がびしょ濡れになっている！」との連絡が入りましたが、 あいにく専務は商材買付けの為、アメリカへ出張中で電話もメールもつながりません。

　個人向け事業のことは、基本的に専務一人で対応しており、他のスタッフはよくわかりません。取りあえず専務が記録している Excel の対応台帳を捜索したところお客様の情報を発見。施工した郵便受けの資料もありましたが型番とアメリカからの買い付け品である事以外の手がかりは見つけられませんでした。

　住所を見ると、ここから片道２時間程の遠方のお客様ですが、和久井部長が直ぐにお客様宅まで向かいました。取り急ぎ、雨の侵入防止の養生をして、交換対応は後日と約束して会社に戻りました。お客様には安心頂けた様です。

　二日後、移動中の専務とやっと連絡が付き、確認すると、「それはオプションのヒサシが壊れていると思う。部品交換で解消できるはず」との対処方法と、オプションのヒサシが実は倉庫に在庫保管されていることが判明。再度、お客様を訪問し問題解決ができました。

　和久井部長は思いました。「お客様にはお礼を言われたけど、専務と情報共有できていれば、当日その場で交換できてもっとお客様に喜んで頂けたはずだし、往復4時間かけずにすんだよなぁ～」

　「それぞれが担当している仕事について共有することができたら、もっと協力しあえて、お客様へのサービスレベルも向上するし、みんなハッピーになれると思うんだよなぁ～。でも、具体的にはどうすればよいのだろう？」

< SCENE 解説 >

うーん、惜しい。

専務はちゃんと仕事の情報を Excel の台帳に記録していましたね。ただ、情報共有ができていなかった。

それによってお客様に迷惑をかけてしまい、社員の生産性を低下させてしまった。

ほんのちょっとしたことですよね。

・専務がせっかく作っていた Excel の対応台帳に、予備の在庫の置き場所もあわせて記録しておけば、それを和久井部長が見つけて対応できたでしょう。

・在庫置き場に「個人宅向けエクステリア在庫」と普段から目に入るように大きく表示しておけば、もしかしてそこにあるのでは？と機転が利いたかもしれません。

・専務が不在の時の対応手順を事前に書きとめてデスクの上にでも置いておけば、和久井部長が見つけて対応してくれたかもしれません。

・その手順書を一度でもメールや LINE でみんなに送っていれば、誰かがそれを思い出して、過去のメールや LINE の履歴から探し出してくれたでしょう。

ほんのちょっとしたことです。

でも、そのちょっとしたことを、やるか、やらないかで現場のスムーズさ、お客様の満足度に結果的に大きな違いが出るのです。私たちはこれを「現場の滑らかさ」と呼んでいます。

　駅の案内表示や道路の行き先表示板は、はじめてそこを訪れた人を迷わずに目的地に誘導してくれます。何かの申し込み用紙に「名前」と書いてあれば、自分の名前をそこに書けばよいことがすぐにわかります。

　人が限られている中小ビジネスでは、この会社の専務のように一人で仕事を丸ごと担当せざるを得ない場合が多いわけですが、仕事がいまどうなっているかという「情報」を正しく記録し、それを他の人が見ることができるように掲示したり、共有したり、送付したりしておけば、いざという時に、組織として迷うことなく滑らかに対応することができるようになります。

（1）現場を滑らかにする

これまで４つのデジタルの活かし方を見てきましたが、中小ビジネスの現場から学んだ最後の一つは、「現場を滑らかにする」ことです。

「現場が滑らか」とは、迷わず、間違わず、し忘れることなく、誰かに聞かなくても仕事がスムーズに進むことを指します。
滑らかではない現場には、やり直しや手戻りが発生します。失った時間は戻ってきません。タイムロスはお客様にしわ寄せされることになります。それはつまり、競争力の低下を意味します。

ある宿泊業では、接客品質を高めるために業務マニュアルを見直し、スタッフが迷ったりしたときにはタブレット端末からいつでもそれを見て手順の確認をできるようにしています。

ある業務用資材販売店では、店主の接客ノウハウをアルバイトにも共有できるようにとレジを工夫しました。商品をレジに入力をすると、その商品と一緒に使った方がよい商品や使用上の注意点などが表示され、経験の浅いアルバイトでも丁寧な接客が可能となっています。

ある農業生産法人では、畑ごとの作業履歴を衛生写真マップで管理できるシステムを、パート向けのナビゲーションシステムとして利用しています。苗や肥料を迷わず指定の畑に運べたり、軽トラックを駐車してよい場所を明記して、近隣の農家や住民からのクレームを減らせたりと、働く人にやさしい職場環境づくりに役立てています。

　スタッフが迷っていませんか。困っていませんか。ちょっとした間違いを繰り返したり、必要なことをし忘れたりしていませんか。仕事の都度、誰かの判断を経ないと仕事が進まない状態になっていませんか。あなたのスタッフは、次のような迷いや無駄な作業を抱えていないでしょうか。

・先輩によって説明が違い、どれが正しいのかわからない

・一人で営業に出るように言われたけど、商品説明を全部暗記できる
　自信がない

・お客様に年賀状を出す担当になり、全員から名刺をかき集めるのが
　もう大変…

・出張後はたまったメールの返信でいつも残業。出先で対応できるよ
　うにノートパソコンを貸与してほしい

・5%引きは常態化しているのに、形式的に社長の決裁が必要になり、
　社長待ちで返答がストップ

・常連のお客様なのに、お名前を聞き間違え、宅配便が戻ってきて
　しまった

　現場のスタッフは迷いや手戻りがあっても少々のことは頑張って乗り越えてしまうし、「やりにくいな」と感じても我慢しがちです。そのおかげで日々の現場は表面的にはうまく流れてしまうから経営者から見るとその裏にある課題に気づきにくい。

　しかし、進めにくさや小さなミス、間違いの一つひとつは些細でも、サービスや商品に少しずつしわ寄せが出て、顧客の満足度や利便性を損ないます。言い古された言葉ですが、失敗は成功のもと。クレームは宝の山です。現場のつまずきをしっかりと拾い上げて現場を整えることこそが経営の仕事。ミスがなく仕事が効率的に回るように、仕事の流れ、情報の流れを滑らかにすれば、会社の競争力を高める原動力となります。

ITツールを上手に活用していた中小ビジネスに見られるのは、こうした組織の体幹づくりです。

情報で現場を滑らかにする

情報で現場を滑らかにする

取り組みたかった事
（課題）

- 業務に必要な情報を探す時間の削減
- 無駄な待ち時間の削減
- 現場の迷いや戸惑いの削減
- 現場への放任の削減
- 手戻りやミスの削減

デジタルをどのように
経営に活かそうとしたか

情報で
現場を滑らか
にしよう

- ベストプラクティスでガイドする
- 現場の情報通信環境を整える
- 振り返りを習慣化する
- 互いの業務を知りあう

デジタルの活用

- ファイル共有
- グループウェア
- チャットツール
- 掲示板システム
- ナビゲーションシステム
- 業務マニュアル
- 職場のFAQ
- ルールや手順の見直し
- PCやスマホ、無線LANやモバイル通信環境の整備
- 社内報等の交流の仕組み

Ａ．ベストプラクティスで現場をガイドする

整備の強化ポイント：業務ルールの整備

　現場が迷ったり、立ち止まったりしないように情報を使います。情報は現場をガイド（導く・案内）する役目も担います。

　業務における情報には、仕事の手順、商品情報、在庫の発注点や補充タイミングなどの基準、役割分担、販売ノウハウや接客のコツ、さらにはモノの置き場所なども挙げられます。

　業務の手順がわかりにくかったり、業務の細かいやり方がそもそも定まっていなかったりすると、人によって仕事の進め方が変わり、個人的な解釈で仕事を進めてしまうことで、ミスや手戻り、仕事の成果のばらつきを生じやすくなります。

　いつ、どんな時に、だれが、何を、どのようにするのかといった情報が文字や図、画像、映像などのデジタルデータとして整理されていれば、必要な時にそれを参照し、不安や戸惑いなく自信を持って業務にあたることができ、仕事はスムーズになりサービスや商品を高いレベルに保つことができます。

　なんでもかんでも枠にはめようということではありません。職場のベストプラクティスを形にしましょう、ということです。スタッフが個人的に工夫していたノウハウをデジタル化して共有すれば、業務の品質を全員でレベルアップすることができます。ベテランの頭の中にある知識の一部でもデジタル化して共有すれば、スキルの底上げにつながります。

　業務に必要な情報を整理整頓していれば、仕事のやり方を他の人に教

えやすくもなります。学ぶ側にとっても、いつ何をどこまでやればよい
か基準が明確なので覚えやすく、仕事に取り組みやすくなります。土台
があると、より良くする方法を発見したり、無駄な手順を省いたり、新
たな手順を加えて業務の質をあげたりと、改善をしやすくなります。

　新しいスタッフが受付を担当することになった。受付の手順は簡単に
説明した。さあ、やってみなさいと現場に出せば、新人なりに一生懸命
に応対する。これはよいことです。しかし、お客様にお伝えすべき大切
なことを漏らしており、接客が終わった後でそれに気づいた教育係が新
人を叱りながら指導する…。これって正しいのでしょうか？
　必ず伝えるべきことが整理されていれば、教育係はその場で気づき新
人をフォローしてお客様に説明できるはず。「任せたから」と新人の現
場体験がお客様へのサービスより優先しては本末転倒です。そしてそも
そも、お客様に伝えるべきことを新人が忘れずに伝えられる工夫が必要
です。紙に印刷して受付台の上に置いておくとか、お客様に説明しなが
ら使うチェックリストを用意しておくとか。タブレットなど IT を使う
こともできます。
　事前のレクチャーですべてを頭の中に入れ、現場で完璧に体現するの
は簡単なことではありません。個人の努力に委ねるだけではなく、ミス
を生みにくい情報の整理とミスを出さない情報活用を会社として実行
したい。

　業務に必要な情報を漏れなく発見する最良の方法は、お客様の反応を
しっかりと拾うことです。クレームはもちろんのこと、お客様からご質
問いただいた事やお困りになっていた事、迷われていた事などに、情報
の整理整頓の必要性＝現場を滑らかにするヒントが隠されています。

ベストプラクティスで現場をガイドする

滑らかではない現場

お客様の反応
・クレーム
・質問
・迷い

業務ルール・標準
いつ、どんな時に、だれが、
何を、どのようにするのか

滑らかな現場

不安や戸惑いなく自信を持って業務にあたる

サービスや商品を常に高いレベルに保てる

Ｂ．仕事道具としての情報通信環境を整備する

整備の強化ポイント：職場環境の整備

　業務を進める際、欠かせない紙の書類や図面。

　紙は直接手に取れるので存在を認識しやすいし、ペンで書き留めしやすいし、壁に掲示もしやすい。だれにでも簡単に取り扱える情報メディアです。

　しかしその反面、情報を伝達するスピードは低速ですし、多くの書類の中から必要な情報を選び出すのにも時間がかかり、現場に持っていける情報の量にも物理的制約があります。手書きで簡単に修正できるぶん、変更依頼を受けて書き換えた部分が読みにくく勘違い…というミスも起きやすい。

　そこでよく言われるペーパーレスですが、書類をデジタル化すると何が良くなるのでしょう。

　業務の手順書をスマートフォンやタブレット端末で見られるようにすれば、紙の束を持ち歩かなくても必要な情報にサッとたどり着くことができます。前項の受付の例では、必ず伝えるべきことを受付に置いたパソコンやタブレット端末に自動的に表示されれば、最新の注意事項を紙のマニュアルを拡げることなく仕事の流れの中で確認できます。

　また、業務報告では写真を添付して仕事の関係者に一斉に送信すれば、現場の情報をわかりやすく即座に共有することができます。

　ペーパーレスは、検索、履歴管理、共有、再利用というコンピュータならではの便利機能を活用するための方策というわけです。

ですから、なんでもかんでもペーパーレスにする必要はありません。ペーパーレスは、あくまでも仕事をする環境整備手段の一つ。ペーパーレスにするとやりにくい仕事は無理に置き換えず、紙の使い方を工夫していきましょう。目的と手段を混同しないように注意が必要です。

　まずは現場を滑らかにしたい業務を選ぶ。優先したい課題ですね。そして、その業務の環境整備の一環でペーパーレスやスマートデバイスを部分的に活用し始めればよいのです。

　仕事道具としての情報通信環境として整備を進めたいのが、情報を流す通信ネットワークです。

　ブロードバンドが張り巡らされ、いつでもどこでも携帯電話が使える時代になりました。「常時接続」と言われる通信がいつも使えることが当たり前になり、中小ビジネスのオフィスでもごく普通にインターネットを利用することができるようになりました。

　とはいえ、実はバックヤードには LAN を敷いていない、工場にはパソコンを置いてない、倉庫でタブレット端末で使おうにも無線 LAN が届いていない、といったように、中小ビジネスの現場では通信ネットワークが整備されていないところもまだ多くあると思います。

　「情報の伝達スピードが速い」「最新の情報を共有できる」といったデジタルの特徴を生かして、現場の仕事を滑らかにするには、現場から情報を発信できる、現場で確認が必要な情報を流すネットワークの整備が不可欠です。

　デジタル経営の時代には、現場にこそ通信ネットワークが必要なのです。ぜひ整備を進めていきましょう。

　そして中小ビジネスへの時代からのプレゼントともいえるのが「クラ

ウド」です。

　現場を滑らかにするために不可欠な情報の共有。しかも、オフィスの中だけではなく、外出先やオフィスから離れた現場でも情報を共有するには、社内 LAN につながったパソコンからも、現場のスマートフォンからも同じようにアクセスできることが欠かせません。

　ファイル共有サービス、グループウェア、チャットツール、書類・図面管理、画像管理、ネット会議、最近では会計ソフトなど、クラウドサービスとして提供されるようになった IT ツールなら、場所を問わず利用できるので、現場での仕事がしやすくなるはずです。

　また、OA（オフィス・オートメーション）ツールも、今なお現場を滑らかにするために欠かせません。

　定番の Excel や Word は皆さんもお使いでしょう。同じマイクロソフト社の PowerPoint はチラシや POP、動画を組み入れた業務マニュアルなども作れてしまう優れたツールです。現場を滑らかにする情報を手早く作成できるし、簡単に更新もできる。これをフル活用しない手はありません。

　PowerPoint で作成した図表は、JPEG 形式などの画像として保存できるので、Web サイトや SNS 投稿にも役立てることができます。

　メールのソフトウェアには、自動応答や自動転送、メールを共有できる機能もあります。クラウドのメールソフトと連携すれば、出先でのメールチェックや返信もできるので、現場を待たせずに仕事を前に進めることができます。

　受け取った FAX をデジタル化し共有できる複合機の機能もとても便利。写真や動画を簡単に編集できるソフトなども、現場の滑らかさに大いに役立つツールです。

　もちろん、こういう便利なツールを使う際には、セキュリティにも目

を配りましょう。情報の公開範囲を確認する、紛失しては困る情報は定期的にバックアップしておく、などは必ず実施しておきたいポイントです。

仕事に必要な道具や環境を整備

デジタル環境

例）
スマート端末
ネットワーク

仕事に必要な道具

例）
ファイル保管
チャットツール
社内掲示板

現場の仕事をしやすくする環境づくり

職場全体のパフォーマンスをアップ

C．振り返りを習慣化する

習慣化のポイント：振り返りの習慣

　業務をスムーズに進めるために社内に根付かせたい習慣があります。実は、やりっぱなし、いつも思い付き、感覚まかせの現場には、デジタルはあまりお役に立てません。

　今日一日の仕事を振り返る。一つの仕事をやり終えたら、次はもっと上手くできる方法がないかとおさらいしてみる、現場が滑らかではなかったことを思い起こしてみる。「振り返り」を習慣化しましょう。

　振り返ってみましょう
　・お客様から何度も同じ質問をいただいたことはないか
　・取引先から確認の電話が頻繁に入るが、これはどうして減らせないのか
　・記入している報告書にミスが多い原因はなんだろう
　・スタッフの元気がない、新人が定着しない、若手が育たない理由は
　・店の評判をどうしたら少しでも良くできるのだろう

　サービスレベル、顧客ニーズとの乖離、業務の精度、スタッフの動きなどについて今までと同じやり方でよいのか。競争力は低下していないか。
　仕事とは学習と成長の機会であり、仕事を振り返って学びを得ようと

するには、仕事の過程の記録がしっかりと残されていることが重要です。

　振り返りに必要な情報には、顧客情報、仕事をした人の情報、仕事の早さや仕上がりの情報、顧客からの評価などがありますが、記録されていない情報は活用することはできません。ここにデジタルが活きてきます。

　PDCA（改善計画-実行-チェック-振返）の重要性が昔から言われていますが、何より大切なのは「C」のチェック＝記録です。記録があってこそ次の「A」のアクション＝振り返りができる、そうしてはじめて「P」のプラン＝改善策につながって成長できるわけです。

　振り返りたいから記録する。

　これが正しい順番です。

　記録するのにもコストと時間がかかります。使いもしないデータをなんでもいいから記録するのはもったいない。

　何やらコンピュータシステムを導入すればデータがたまってあれこれ効果的な分析ができるようになるか、というとそれは夢物語です。目的なしに導入したシステムを上手く活用できた事例はありません。

　あくまでも、振り返って確認したいこと＝データありきでどう記録するかを考える。そうすると必ずしもデジタルを使わずとも、ホワイトボードに正の字でカウントしても、手書きのアンケートでもよいこともあります。簡単なスマホのメモアプリでも十分だったりする。

　振り返りたいから、次はこんなデータを記録したい、あんなデータもあるといい、そういう気持ちが喚起され、新たなデジタル環境の整備につながっていきます。

　仕事のルールは固定化せず適宜見直します。

　当時はベストプラクティスだったルールでも、環境が変われば手直しが必要になります。時代遅れとなったルールや実情にあわない制度や慣習が、「これが会社の決まりだから」と放置され、現場の滑らかさを阻害していることはないでしょうか。現場から発案された改善提案の中に、これまで慣れ親しんだ自社ならではのやり方の見直しの種があるのに見逃してはいないでしょうか。

　これまで慣れ親しんだ手順や仕事の仕方を変えるのはエネルギーがいることです。現場に一時的なストレスもかかるでしょう。反対意見も出るかもしれません。ですが、現場を滑らかにして会社を成長させるために必要な見直しです。ベストプラクティスをもう一度集めて、サービス品質・仕事の精度をレベルアップさせていきましょう。

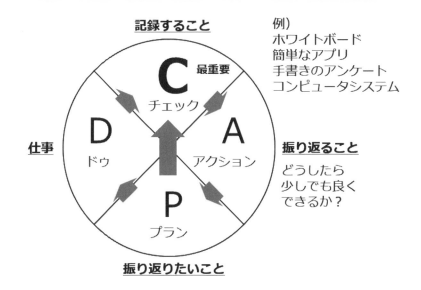

仕事を振り返り，質を高めるサイクルを回す

記録すること

例）
ホワイトボード
簡単なアプリ
手書きのアンケート
コンピュータシステム

C　最重要
チェック

D　　　　A
ドゥ　　　アクション

仕事

振り返ること
どうしたら
少しでも良く
できるか？

P
プラン

振り返りたいこと

D．共働の考え方を浸透させる

習慣化のポイント：共働の習慣

　共に働く。チームで働く。ミスややり直しを起こさない現場を作るには、「共働」の考え方を浸透させることが大切です。

　「ちょっと待って。うちは中小だから人は限られている。仕事はそれぞれ一人で担当させているからチームで動くなんてことはないよ」という声も聞こえてきそうです。

　でも、アルバイトを1人雇っている。仲間3人で運営している。親族とパートの10人で営んでいる——これは、お客様から見たら、取引先から見たら、まぎれもない「チーム」です。

　2人以上の会社は、商品サービスを役割分担してお客様に提供しています。営業と製造と経理だったり、営業と事務だったり、設計と施工だったりと、どんな役割分担だろうが、チームで成果を届けています。

　会社の中に、お互いを知る習慣はできているでしょうか。

　同僚の性格とか家族構成とか趣味…のことではありません。互いの「仕事の中身」「仕事のやり方」について関心を持ちましょう、ということです。

　会社は、一人ひとりがつながって、分業して大きな塊としての仕事をこなしてお客様に提供するワン・チームです。ワン・チームとしてのパフォーマンスを最大にすることが会社のミッションです。

　一人ひとりが自分の担当業務を集中してこなしつつも、他の人が何をやっているかを知る、知る必然性を感じることで、会社視点での改善の

知恵が出てきます。

　つまり、働く人それぞれが、自分の役目の内側だけを見るのではなく、前後の工程や別の日に同じ仕事を担当する人のことを考えて動ける、そんな風土づくりが求められているのです。

　お客様の情報を共有できるシステムが導入され情報共有のため各現場で情報を入力するようにと社長からお達しがきた。でも、現場の人は何のためにお客様の情報を他の同僚と共有するのかよくわからなければ、目の前の仕事が忙しいからデータ入力は後回しになる。データが集まらないからそのシステムへの期待感は薄れ、次第に誰も使わないシステムになっていく…。

　これでは、デジタルの力が発揮されないどころか投資効果が上がりません。

　「共働」の意識を持つための取り組みとして、次のような例が挙げられます。

・仕事の情報を共有できる社内掲示板システムでメンバー紹介を行う。

・各部署の仕事紹介をする社内報を制作してメールで全員に配布する。

・他部署の情報を知ることができる社内イベントを意識的に設定する。

・朝礼で自分の仕事のやり方を報告しあう。

　こういった一見地味な取り組みは、デジタル経営で結果を出している中小ビジネスに多くみられる特徴の一つです。

＜仕事の流れと情報の流れ＞

役割分担して仕事を進める際には、役割同士の接点で、必ず情報の交換が発生します。営業から製造へは受注した図面が渡される、レジ係が受けたオーダーをキッチンに渡す、受領印がついた納品書を経理に渡して請求書を発行してもらう。

　この情報交換を適切なタイミングで、滞りなく行うにはデジタルが有効です。

　電子メール、共有ファイルサーバ、クラウドデータベース、グループウェア…。さまざまな情報共有のためのソフトウェアが登場しています。インターネットの登場による最大の革命がこの情報交換だというのは誰も疑う点がないでしょう。ホームページや SNS を使って、今やだれもが当たり前に情報交換を行う社会になりました。

　あなたの職場はどうですか。

　役割分担している、共に働いている仲間に、適切なタイミングで、正しい情報が、手間をかけずにスムーズに提供されていますか？まずは、自分の仕事の前工程と後工程のスタッフと会話してみてはいかがでしょう。

　特に興味を持っていただきたいのは、どういうタイミングで仕事が自分にリレーされるのか、その基準です。ある時間が来たら、なのか、必要な情報が手に入ったらなのか、たまたま思い付きなのか。

　そして、そのタイミングをより良く改善することはできないのか話し合ってみてください。タイミングを少し変えるだけで相互にメリットがある、待ち時間が減る、手戻りが減る、そういうアイディアを見つけましょう。

　同じ業務を別の日に別のパート社員が担当しているなら、その日に起きたことを確実に申し送りし、翌朝に必ずチェックする。そして、普段は一緒になれないけれど、お互いが課題を話し合える場を作る。

　自分一人で担当している仕事でも、その情報を他のスタッフにも見てもらえる場所に記録しておけば、何かあった時にお互いにカバーしあうことだってできる。そういうフォローができるチームになれば、お客様へのサービスレベルを格段にアップさせることだって可能です。

　人員の限られた中小ビジネスだからこそ、共働の習慣が醸成され始めれば、情報を仲間と積極的に共有してよりよい仕事をしようという気持ちはすぐに伝播していきます。情報が社内の潤滑油となって滑らかな現場の形成につながり、お客様から見た「チーム」の評価も高まるはずです。

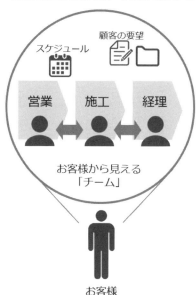

情報をリレーしているチームである

**自分の役目の内側だけではなく
前後の工程とスムーズに共働する**

スケジュール　顧客の要望

営業　施工　経理

お客様から見える
「チーム」

お客様

（2）小さなことに取り組む姿勢

　現場を滑らかにするために、たとえ小さなミスでも、いや、小さなミスだからこそ、同じミスを二度は繰り返さない、という考え方はとても大切です。

　それは、「二度とミスを繰り返すな！」とスタッフに厳命することとはまったく違います。ミスの原因を個人のスキルや姿勢に求めるのではなく、会社として、ミスを生まない業務の仕組みを追い求める、ということを指しています。

　・現場に行くと忘れがちなことなら、即座に張り紙を貼る。

　・データの入力ミスならミスしにくい方法に変更する。

　・そもそも入力しなくて済むようにできるかもしれない。

　ミスを生んだのはスタッフのせいではなく、業務手順が整っていなかったから、という発想で一つひとつの小さなミスを受け止め、同じミスを生み出さない職場の環境を作っていきます。

　職場のFAQ（よくある質問集）の整備もおすすめしています。新人スタッフからよく質問されることがあれば、その都度、業務マニュアルに追記したり、業務のルールや基準を新たにつくったりと、すぐにリアクションしましょう。

　何台もの自動車が事故に遭わずスムーズに高速道路を走行していけるように、ルールやスキルや手順を一つひとつ決め、現場の滑らかさを高めていきましょう。

＜デジタルは万能ではない＞

　ペーパーレスのところでも言及しましたが、デジタル化には、手段が目的化しやすい落とし穴がついてまわります。

　実際、「形から入る」こともそれなりにメリットもあるので、全否定するわけではありません。まずはタブレット端末を買ってみる、使ってみる、その中で効果的な使い道が見えてくることだってあります。

　しかし、流行だからと良く考えずにデジタル化を進めるのはかえって会社の存続を危うくしかねません。

　大切なのは、デジタルは、あくまでもスタッフをサポートするために使う、人のためにデジタルを使う、ということです。

　中小ビジネスは現場の柔軟性が強みの一つです。その柔軟性を殺してしまうようなガチガチのルール化や業務標準化は、かえって現場の滑らかさを阻害します。

　お客様はマニュアル通りの対応を求めているのではなく、質の高いサービスを求めています。デジタル化でマニュアルを確認しやすい環境を整えるのは、スタッフの小さなミスや見落としを防ぐ、つまり、質の低下をカバーするためです。スタッフの迷いや不安を消し、商品サービスに真正面から向き合える環境を整えると、スタッフには質の高いサービスの提供に集中できるようになります。ここからがお客様から見ての高い価値になります。

　デジタルは万能ではありません。際立つ個性や強みを失ってまで入れる必要はありません。むしろ、デジタルができることは限られていると考えた方がいい。あくまでも、会社の成長のためにテコ入れが必要なところにデジタルを活用する。もっと現場を滑らかにしたいところを見つけ解決するために、主体的にデジタルを選び、活用していきましょう。

第4章 デジタル経営をはじめよう

（1） 5つの視点でデジタルを考える

　中小ビジネスが IT 活用に取り組んだ事例、すなわち「現実の教科書」から抽出した、「デジタル−5つの活かし方」をご紹介してきました。
- ・自社の魅力を発信する
- ・社外との関係を拡げ・深める
- ・情報で事業の回転数を高める
- ・情報の使い勝手を良くする
- ・情報で現場を滑らかにする

　これは、多くの経営者がトライしてきた事実から帰納的に導き出した推論です。世の中にはさまざまな IT ツール・デジタル製品がありますが、整理してみると、その活用方法は5つに集約されることがわかりました。
　これにより、デジタルへの向き合い方を大きく変えることができるでしょう。例えば、「顧客管理システム」という道具も、その活かし方によって求める機能が変わってきます。

【自社の魅力を発信する】
　ダイレクトメールで案内を送付できるように、特に潜在顧客の住所やメールアドレスを管理したい。

【社外との関係を拡げ・深める】
　当社をご利用いただいたお客様の実績（内容や年月日など）を管理できるようにしたい。

【情報で事業の回転数を高める】

196

顧客ごとの粗利や LTV（Life Time Value、顧客との取引トータルで得られる利益）を管理できるようにしたい。

【情報の使い勝手を良くする】
　営業担当者が外出時でも訪問先の企業情報や取引実績を確認できるようにしたい。

【情報で現場を滑らかにする】
　受付接客時に、常連のお客様か初めてのお客様かを確認し、常連のお客様であれば好みや前回接客時のメモを確認できるようにしたい。

　つまり、顧客管理システムの機能的な優劣で製品比較をして導入する製品を選ぶことには意味がありません。顧客管理システムを活用する目的によって求める機能が違うのですから、自社にとってベストな製品はおのずと異なります。
　大切なのは、製品としての機能性ではなく、自社が求めるものをどこまで満たしてくれるかという「要件充足度」。
　デジタル技術の導入に際しては、「デジタル－５つの活かし方」の視点から自社が求める「要件」を明らかにし、それをどれだけ満たしてくれるのかが選定の基準となります。
　私たちの方からデジタルに歩み寄って理解しようと努めることよりも、私たちが求めるものを明らかにすることの方が何倍も重要。デジタル経営にどう向き合うかの答えは、私たちの中にあるのです。

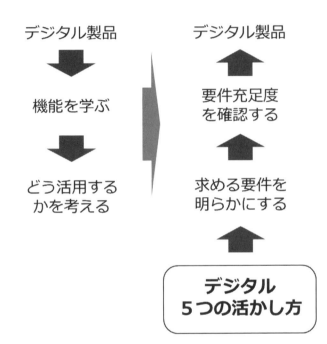

職場でデジタルを上手く活かしたい。そんな時には、「デジタル−５つの活かし方」に沿って考えてみましょう。現場にフィットした課題解決の方法を５つの視点から導き出してみませんか。デジタル化を進めるにあたって、これを拠り所として活用してみませんか。

　例えばこんなケース。デジタルにどのように取り組むか。５つの視点で考えてみます。

＜ケース１＞

　新規顧客の開拓が進んでいない。

　営業担当者を増やしたが成約につながっていない。

【自社の魅力を発信する】

　"自社の魅力"を再確認して、それを伝えられるデジタル素材をそろえることから始めようか。写真、動画、データ、図表、文章。出来上がった素材はホームページに反映して問い合わせや見積もり依頼の増加を狙い、同時に、営業資料にも盛り込んで取引の利点を対面でしっかり伝えられるようにする。顧客セグメントによっては、SNSや動画共有サイトでも広報していく必要がありそうだ。

【社外との関係を拡げ・深める】

　既存のお客様への対応に費やされ、新規開拓に時間を割けていない。既存のお客様からのご連絡は専用の Web ページで受け付けて内勤スタッフでも対応できるようにしよう。リピートオーダーや標準品ならネットで注文できる仕組みを整える、など、営業担当者の時間を空けられると同時にお客様とのつながりを深められる対策ができそうだ。

【情報で事業の回転数を高める】

　営業活動の実態をデータで可視化したい。データから営業活動のバラツキが見えてくれば効果的な打ち手につなげやすくなるだろう。

　ただ、データを集めるのに営業現場の負担を増やしたくはない。すべての行動履歴を記録するようなやみくもなデータ収集ではなく、勝ちパターン商談の進捗、重点商品の提案数、顧客の真のニーズ把握など、狙いをもったデータを集めたい。

【情報の使い勝手を良くする】

　万全の"情報装備"で営業を送り出したい。提案時に最新のデータが手元にある。質問や指摘事項にすぐ応えられる資料がある。要点を伝えやすい写真や動画を活用したコンテンツをプレゼンできる。報告は出先からもできるので客先に直行直帰できる。クラウド型のファイル共有システムを使うなど、営業をしやすくなるように情報の配置を整える必要がありそうだ。

【情報で現場を滑らかにする】

　デジタルで営業担当者の商品知識を高めよう。移動中や空き時間にサッと視聴できる研修動画を職場の SNS で共有する。お客様からよくいただくご質問は FAQ としてまとめれば、お客様満足向上と同時にスタッフの学びにもつながるだろう。ヒヤリング事項のチェックリストを営業報告に兼ねれば、毎日の報告の中で、次回商談でやるべきことが整理されるはずだ。

＜ケース２＞

　仕事がマンネリ化している。

　もっと業務の質を高めて顧客満足度のアップにつなげたい。

【自社の魅力を発信する】

　自社の魅力をしっかりとお客様に伝えることができているだろうか。配達員もお客様と接する時に新商品の魅力の一つでも紹介できているだろうか。そのための取り組みが不足していないだろうか。

　ホームページや営業資料に記載している自社のウリは、本当に強みであり続けているだろうか。競争力が落ちていないか。お客様のニーズとズレていないか。最近の取り組みを伝えられているか。今一度見直して

みよう。

【社外との関係を拡げ・深める】

　お客様に、取引先に、もっと便利に自社と取り引きしていただくために、インターネットを使ってつながりを深める取り組みができないか。Win-win になる方法で関係を深め、ビジネスの安定化につなげたい。まずは、書面やメールでやり取りしている情報のオンライン化を検討してみよう。

【情報で事業の回転数を高める】

　管理レベルを高められる業務はないか。一部だけでも自動化したら効率がグンと上がる業務はないか。システム導入にあわせてルールや手順もシンプルにしたら、もっと筋肉質な組織になるのではないか。業務効率化できそうな IT ツールの情報を集めてみよう。

【情報の使い勝手を良くする】

　現場で資料やデータを確認するためたけに、わざわざ場所を変えているようなことはないか。入力するためだけに移動しているようなことはないか。事後にまとめて入力作業しているようなことはないか。わずか数分のことだとしても、それが毎日となると億劫になる。クラウドサービスを利用したり、無線 LAN を整備したりすることで解決できるかもしれない。

【情報で現場を滑らかにする】

　なぜか時間がかかっている、手戻りが多い、いつも同じミスばかりしている、スタッフの定着もよくない、そんな業務はないだろうか。「情報」が不足していないか。現場が迷っていないか。手順や基準を明確に

することでもっと仕事がスムーズに流れるようになるのではないだろうか。

▶「デジタル − 5つの活かし方」を拠り所とすることで、デジタル活用の全体像が見えてきます。

　経営課題と照らし合わせることで、何に取り組むべきか、どこから取り組むのか、デジタル化の目的や優先順位を決めやすくなります。

▶「デジタル − 5つの活かし方」を拠り所とすることで、何のために IT ツールを利用するか、その目的が明確になります。

　そのため、IT ツールに求める機能やその重要性を具体的にイメージしやすくなり、現場にフィットする IT ツールを探し、選ぶ時の迷いを減らし、スピードと判断精度のアップが可能となります。

▶「デジタル − 5つの活かし方」を拠り所とすることで、環境の変化に応じた方針の見直しもしやすくなります。

　売上が必要な局面では、「自社の魅力を発信する」や「社外との関係を拡げ・深める」を最優先にする。品質や生産性を高めるべき局面では「情報で事業の回転数を高める」ことや「情報の使い勝手を良くする」ことが求められる。働きやすい職場にしてスタッフの定着率を高めたい局面では、「情報で現場を滑らかにする」ことが大切なポイントになる。

　同じシステムを活用するにしても、活用の力点が変われば、デジタルの活かし方も変わります。

（2）デジタル化は不可逆、ならば

　「IT」「ICT」そして「デジタル」。「キャッシュレス」や「RPA」、「5G」など、次から次へとキーワードが出てくるこのデジタルの世界。「マルチメディア」とか「ユビキタス」と騒がれた時代もありました。今回も、耳をふさいでじっとしていればやがて通り過ぎていく暴風雨のようなものでしょうか。

　確かに、これまでがそうだったように、言葉は一過性です。流行です。3年後には使わない単語もあるのでしょう。

　でも一方で、これまでがそうだったように、情報通信技術による進化、アトムがビットになるデジタル化という進化は後戻りしません。世の中は一歩ずつ進化しきましたし、今後も進化し続けます。

　コロナ禍で在宅勤務になった。「痛勤」から解放され、通勤しなくてよいというラクさから離れ難くなった（同時に、在宅のツラサも感じたが・・）。都心では、手数料を払えばファストフードを家まで届けてもらえる。玄関の前に置配してくれるから、寝起き状態でパジャマのままでも買える。家の不用品を捨てる代わりにフリマアプリに出品したら思いがけずお金になった。

　ラクなもの、便利なものが一度普及すると後戻りは起きないのです。それどころか、そういう新しいデジタル社会に慣れたデジタルネイティブと言われる世代が順々にビジネスの世界に入ってくる。デジタルを使いこなしながら生活をしてきた経験があるから、ちゅうちょせずにデジタルをファーストチョイスとして考えて行動する。デジタルへの変化はむしろ加速していくのだと思います。

　デジタル活用は"必然"です。声高に「DX（デジタル・トランスフォーメーション）」と言わなくてもデジタル化は社会全体で進んでいくでしょう。

　大切なのは、その進化を事業に取り入れること。「目の前にあるデジタル」を日頃の経営に取り入れることです。

　デジタル活用とは、端的に言えば、現場で新しい道具を使い始めるということ。道具の準備の時間や、道具を使い慣れる時間が必要なので、道具の成果を発揮するまでには数か月から半年くらいの時間がかかります。現場には季節による繁閑やクセがありますから、年間を通して使いこなしてフル活用できるようになるまでに最低でも1年から2年はかかる。

　ここに、職場による差、が生まれます。早く取り入れた職場の方が、デジタルにより早く習熟できる。一歩ずつ、段階的に取り組んで、業績を伸ばしていける。いつから取り組むかが数年先の競争力の差につながる分野なのです。

　高度なITスキルはいらない、現場に出て使える、最新技術の恩恵をいち早く受けられる。そんな「目の前にあるデジタル」は、現場のパフォーマンスアップを志向した中小ビジネスにこそふさわしいもの。新しいデジタルをフットワークよく活用できるポジションにいる中小ビジネスの方が、デジタル化時代の成長の伸びしろは大きいと私たちは信じています。

　さあ、あなたの職場でも、今すぐデジタル経営をはじめ、伸ばしていきましょう。

ご案内：デジトレ診断 − デジタル活用度のセルフチェックに

　私たちデジトレでは、本書でご紹介した「デジタル − 5つの活かし方」に沿って、ご自身の職場での「デジタル活用度」をセルフチェックできる Web ツール「デジトレ診断」をご提供しています。
　デジタルをどこまで活かせているのか、職場の現状が 200 点満点で採点されるので、強いところ、足りないところを俯瞰できます。

　設問は全部で 100 問。一つひとつが、デジタルを活用していく上でのチェックリストでもあります。職場の現状に当てはまるかどうかを自己診断していきながら、現状を振り返り、どういう取り組みが必要かを感じ取れるように工夫しています。

　職場の何人かでセルフチェックすれば、それぞれの自己診断の違いが浮き彫りになるかもしれません。社長はできていると思っていたが、現場ではそうは思っていない点などがわかれば、共通認識を持って改善対策をとることができるでしょう。

　デジタル経営の最初の一歩として、職場のデジタル化の現在地を客観的に把握することから始めてみてはいかがでしょう。

　【デジトレ診断】
　URL：https://dejitore.com

＜診断結果はその場でレポートに自動出力されます＞

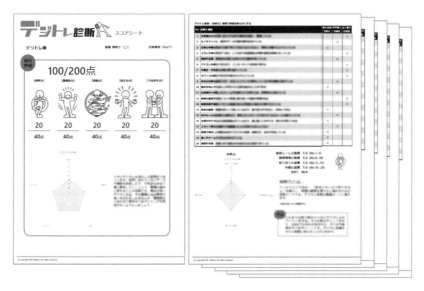

＜診断はスマホ、タブレット、パソコンからご利用できます＞

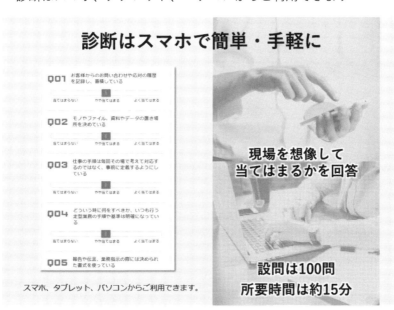

あとがき

　今後もデジタルの進化は止まりません。

　中小ビジネスの生産性向上を可能とする新しい製品やサービスはこれからも次々と登場するでしょう。少ない人手をカバーし、経験やノウハウを補い、顧客や取引先との新たな関係構築に役立つツールが提供され続けるでしょう。実用的でリーズナブルなロボットが当たり前に活躍するようになるでしょう。

　本書で解説したフレームワーク「デジタル－５つの活かし方」も、それに呼応して進化していくはずです。

　現実の経営者の選択から導き出した５つのエッセンスは基礎的なものとして不変でも、新しいデジタルの活かし方が追加されるかもしれませんし、規模や業種、経営のステージなどに応じて細分化していくかもしれません。

　これは起点に過ぎないのだと思います。

　中小ビジネスの本格的なデジタル活用が、今まさに始まろうとしている。そして、それは、デジタルと共に進化し続けていく。

　私たちデジトレは、「地域で頑張る中小ビジネスのデジタル経営現場の知恵と工夫に学び、整理・体系化して再び現場に届けること」をミッションとしたチームです。

　私たちも、進化する現場に学び続けます。そして、学びを形にして再び現場にお返しする取り組みを愚直に進めてまいります。絶え間のない現場の変化を機敏に感じ取り、「日本の中小ビジネスのデジタル経営スピードを最速にし、デジタル経営幸福度を最幸にする」というビジョンに向かって、知恵の循環を回し続けることに力を尽くします。

　本書をまとめるにあたり、この、まさに始まったばかり、終わりのない挑戦の道を共に歩き始め、本書を共に創り上げたデジトレの仲間に心より感謝します。言い回しを何度も修正するなど、表現の仕方には苦労しましたが、その分だけ伝えたい内容がクリアになり、確実に読みやすい本になったと思います。

　また、これまで現場の知恵を交換しあってきたコンサルタントの諸先輩や仲間、中小ビジネス支援の現場をアレンジいただいた支援機関の職員の皆様にも深く御礼を申し上げます。引き続き、中小ビジネスに役立つ価値を共創する役割を担えるよう努力してまいります。

　そして何よりも、現場で数多くの貴重な学びの機会をいただいた中小ビジネスの皆様に、この場を借りて心より感謝と御礼を申し上げます。整体サロン、住宅建設、産業廃棄物処理、金属加工、製造部品販売、サービス、喫茶店、福祉、大小さまざまな農業者、観光農園、農家レストラン、ホテル旅館、など、さまざまな業種・規模の中小ビジネスの現場でIT活用のお手伝いをさせていただきながら、本当に多くの現実を学ばせていただきました。
　本書でご紹介した「デジタル−５つの活かし方」が、皆様への"恩返し"となり、多くの中小ビジネスの事業を伸ばす力になれば幸いです。

　　　　　　　　　　著者を代表して
　　　　　　　　　　合同会社デジトレ　代表社員　堀　明人

著者略歴

堀　　明人
合同会社デジトレ　共同創業者　代表社員
情報通信業界で情シス・マーケ・営業と一貫して企画畑を歩む。米国留学・英国勤務をきっかけに自分らしく生きるライフスタイルに強く共感し独立。中小企業の IT 化支援、自身での観光農園経営、スマート農業の推進、ICT ベンダーの事業戦略サポートなどマルチワークしている。
　株式会社トゥモローズ　代表取締役
　一般社団法人日本農業情報システム協会　専務理事
　著書「記録農業　スマホ農業」、JGAP 指導員補
　IT コーディネータ

飯村　和浩
合同会社デジトレ　共同創業者
製造・流通・サービス業を中心に IT 戦略の作成、業務改革に伴う IT 導入プロジェクトに従事。中小企業から大企業の IT 化支援を幅広く経験し、企画構想からプロジェクトの立ち上げ、実行まで一貫して関与する伴走型の支援が多い。
現在、株式会社アストコーポレーションに所属し、デジタルを使ってお客様のビジネス支援事業を担当。
　中小企業診断士・IT コーディネータ

坂本　ゆみか

合同会社デジトレ　共同創業者

ウェブ制作会社・広告代理店にて、デジタルマーケティング業務に従事。ビジネスでIT・ICTを上手く活用するためには「経営戦略の視点」が必要不可欠と考え、学び直しのため社会人大学院へ進学し、MBAと中小企業診断士を取得。2014年に独立後、中小企業の経営支援や創業支援などを中心に活動している。

　サカモトマネジメントオフィス　代表
　法政大学経営大学院イノベーション・マネジメント研究科　特任講師
　中小企業診断士・ITコーディネータ

倉田　一範

合同会社デジトレ　共同創業者

ITベンダー企業とユーザー企業での業務経験を活かし、「綿密な診断よりも、『課題解決』を！」をモットーに、中小企業の経営と情報化を支援中。

　倉田IT経営支援相談事務所　代表
　ITコーディネータ

中小ビジネスを伸ばすデジタル 5 つの活かし方

2021 年 8 月 1 日　初版　第一刷発行

著者	堀 明人　飯村 和浩　坂本 ゆみか　倉田 一範
発行者	谷村 勇輔
発行所	ブイツーソリューション
	〒466-0848 名古屋市昭和区長戸町 4-40
	電話　　052-799-7391
	ＦＡＸ　052-799-7984
発売元	星雲社（共同出版社・流通責任出版社）
	〒112-0005 東京都文京区水道 1-3-30
	電話　　03-3868-3275
	ＦＡＸ　03-3868-6588
印刷所	モリモト印刷